Das Job-Patchwork-Buch

Beate Westphal lebt selbst mehr als einen Traumjob: Sie verkauft Kekse an Unternehmen, hilft in ihrem Talentcafé Menschen bei der Suche nach dem Traumjob, schreibt Bücher und engagiert sich im Vorstand der APRIL Stiftung zur Förderung des unternehmerischen Denkens zum Thema Zukunftswerkstatt. Sie lebt und arbeitet in Berlin.

Weitere Informationen: www.aprilstiftung.de

Beate Westphal
unter Mitarbeit von Anne Jacoby

Das Job-Patchwork-Buch

Kreativität. Freiheit. Selbstverwirklichung.

Campus Verlag
Frankfurt/New York

ISBN 978-3-593-39805-1

Copyright © 2014 Campus Verlag GmbH, Frankfurt am Main
Umschlaggestaltung: Guido Klütsch, Köln
Umschlagmotive: © getty Images
Satz: Fotosatz L. Huhn, Linsengericht
Gesetzt aus: ITC Legacy Serif und Absolut
Druck und Bindung: Beltz Bad Langensalza
Printed in Germany

Dieses Buch ist auch als E-Book erschienen.
www.campus.de

Inhalt

Vorwort
Wenn auch Ihr Job längst zu eng geworden ist ...

... liebe Leserin und lieber Leser, dann sind Sie hier genau richtig. *Herzlich willkommen!* Dies ist ein Buch für Menschen mit überschießenden Ideen und Potenzialen, die vielleicht jetzt schon neben ihrem Job viele tolle Hobbys pflegen und Ehrenämter ausüben, die aber den

noch das Gefühl nicht loswerden, sie könnten noch viel mehr aus ihrem Leben machen, wenn sie nur wüssten, wie. Es ist ein Buch für Menschen, denen es Freude bereitet, in verschiedenen Berufen völlig verschiedene Facetten ihrer Persönlichkeit zu leben, zu erleben und zu zeigen. Die endlich die Beschränkungen aufgeben möchten, die ihnen die mahnende Stimme der Eltern, Lehrer oder anderer Bedenkenträger auferlegt hat oder die sie sich selbst auferlegt haben. Es ist ein Buch für genau Sie.

Denn: Zwei oder mehr Berufe auf einmal auszuüben, ist nicht immer eine doppelte Belastung. Es kann auch die Chance bieten, mehrere Talente zu nutzen. »Lassen Sie sich nicht in eine einzige, enge Schublade stecken – auch wenn ›Traumjob‹ draufsteht. Leben Sie Ihre Vielfalt!«, möchte ich Ihnen am liebsten laut zurufen. Je bunter Ihr Job-Patchwork ist, desto schöner wird Ihr ganzes Leben. Der Weg dahin kann streckenweise ein wenig steinig sein, aber es ist zu schaffen. Und wenn Sie am Ziel sind, werden Sie merken: Endlich ist Ihr Leben nicht mehr anstrengend. Alles geht viel leichter, fast wie von selbst.

Das habe ich selbst erlebt: Ich selbst bin Traumjobdetektivin, Keksunternehmerin, ich bin im Vorstand der neuen APRIL Stiftung aktiv, und ich bin Autorin – kurz: Ich lebe ein Traumjob-Patchwork-Leben. »Wie machst du das alles?« »Warum so vieles auf einmal?« »Wie passt das alles zusammen?« »Macht dich das glücklich?« »Könnte ich das vielleicht sogar auch?« Diese Fragen bekomme ich oft gestellt, und sie sind gar nicht so leicht zu beantworten. Weil sie mir immer wieder gestellt werden, habe ich mich dazu entschlossen, nach Antworten zu suchen und ein Buch darüber zu schreiben, warum wir mit einem einzigen Traumjob zumeist nicht glücklich werden, und wie wir es schaffen können, viele Traumjobs gleichzeitig zu verwirklichen. »Geht doch gar nicht«, denken Sie nun? Sie werden sehen: Es geht. Und es kann Sie sehr glücklich machen. Denn auch Sie haben bestimmt viel mehr als nur ein einziges Talent.

Einladung zur Heldenreise

Aus Ihrer Schulzeit kennen Sie sicherlich auch Menschen, die gut in Sprachen waren *und* begnadet zeichnen konnten. Die zwei Instrumente spielten *und* im Sport-Leistungskurs brillierten. Die unbedingt Biochemiker werden wollten *und* Songs schrieben. Wo sind sie geblieben? Und waren Sie nicht vielleicht auch ein solcher Mensch? Wie geht es Ihnen eigentlich mit Ihren vielen, vielleicht ja noch ungenutzten Talenten? In diesem Buch möchte ich mit Ihnen genau das herausfinden.

Bei der Recherche fiel mir übrigens auf, dass die Suche nach dem eigenen, dem endlich passenden Job-Patchwork-Muster eine wirkliche Heldentat ist: Wir brechen auf, überwinden innere Hürden und äußere Hindernisse und kommen, wenn alles gut geht, gestärkt in einem neuen Leben an.

Joseph Campbell, ein US-amerikanischer Mythenforscher, hatte schon im Jahr 1949 herausgefunden, dass Heldensagen in allen Kulturen und zu allen Zeiten ein nahezu identisches Muster aufweisen, und daraus das Modell der *Heldenreise* entwickelt. Diese Reise wurde und wird in Märchen und Sagen nacherzählt,

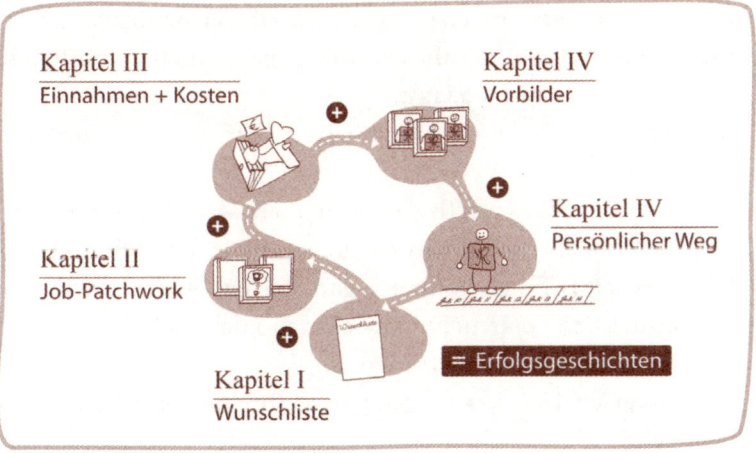

ebenso in Filmen, in Zeitschriftenartikeln – und auch in vielen Seminaren, in denen es um unsere persönliche Entwicklung geht. So auch in diesem Buch. Es gibt fünf Etappen – pro Kapitel eine Strecke. Mit jeweils sechs Pausen. Denn damit bei all der harten Kopfarbeit der Genuss nicht zu kurz kommt, lade ich Sie, liebe Leserin und lieber Leser, zu *30 Kaffeepausen* ein. Pausen, in denen Sie sich in Ruhe eine Tasse Kaffee oder Tee gönnen und dabei über Ihre eigenen Pläne nachdenken können.

- In *Kapitel I* blicken Sie auf Ihr eigenes Leben: Was läuft gut? Was gefällt Ihnen nicht? Wofür sind Sie dankbar? Sie unternehmen eine kurze Reise durch die Geschichte, um zu erfahren, wie es zu unserem Ein-Job-Leben gekommen ist und warum wir dieses Leben oft so langweilig finden. Sie werfen einen Blick auf Ihre Glaubenssätze und inneren Widerstände und wagen dann einen ersten Schritt in Richtung Ihres neuen, vielfältigen Job-Patchwork-Lebens. Lassen Sie Ihrer Kreativität freien Lauf!
  Kaffeepausen 1–6 ➜ Erkenntnisse: Ihre persönliche Wunschliste

- In *Kapitel II* lade ich Sie ein ins Talentcafé. Hier finden Sie in Ruhe heraus, wo genau Ihre Talente liegen, welche Menschen das Beste in Ihnen aufscheinen lassen und welche Orte Sie besonders kreativ machen, wie Ihre Herzenswünsche aussehen – und wie sich das alles zu Ihrem persönlichen Job-Patchwork-Muster verbinden lässt.
  Kaffeepausen 7–12 ➜ Erkenntnisse: Ihr persönliches Job-Patchwork

- In *Kapitel III* geht es um Ihre neue Freiheit. Wie fühlt sie sich an? Vor allem möchte ich Ihnen zeigen, wie Sie sich aus finanzieller Unsicherheit befreien können – ganz gleich, ob Sie Ihre Finanzen tatsächlich noch nicht in trockenen Tüchern haben oder ob Sie sich einfach unsicher fühlen.
  Kaffeepausen 13–18 ➜ Erkenntnisse: Ihre persönliche Finanzübersicht

- *Kapitel IV* verbringen Sie im Gründercafé. Hier können Sie wählen, mit wem Sie über Erfolg sprechen möchten und wie Sie Ihre Patchwork-Idee überzeugend auf den Punkt bringen und kommunizieren. Außerdem überlegen Sie, wen Sie sich als Kooperationspartner und Peer-Group wünschen. Kaffeepausen 19–24 ➜ Erkenntnisse: Ihre persönlichen Vorbilder
- *Kapitel V* schließlich widmet sich dem Thema Selbstverwirklichung. Hier möchte ich Ihnen zeigen, wie Sie Ihre Patchwork-Idee mit Hilfe von Freunden prüfen, finanzieren und starten. Kaffeepausen 25–30 ➜Erkenntnisse: Ihr persönlicher Weg
- Zum Schluss möchte ich Ihnen im *Ausblick* zeigen, dass Traumjob-Patchworking gelebte Realität ist. Hier mache ich Sie mit den Erfolgsgeschichten von neun Multi-Traumjobbern bekannt: Es gibt sie! Und die zehnte Geschichte? Das ist Ihre.

Die vorgeschlagenen 30 Kaffeepausen in diesem Buch sind zumeist für eine Denkpause von bis zu 15 Minuten konzipiert. Und wenn Sie es ganz eilig haben, können Sie Ihre komplette Heldenreise zu Ihrem neuen Leben auch bei *einem einzigen Espresso* skizzieren – den kompakten Wegweiser zu Ihrem persönlichen Job-Patchwork finden Sie zu Beginn dieses Buches.

Es liegt mir am Herzen, Ihnen, liebe Leserin und lieber Leser, Lust und Mut zu machen, Ihre Vielfalt zu leben. Immer wieder darüber nachzudenken, in welcher Welt Sie gelandet sind, ob es Ihnen da gefällt, ob Ihnen etwas fehlt. Und wenn ja: Wie Sie das bekommen können. Nicht, um auf der Karriereleiter noch weiter nach oben zu steigen und noch mehr Geld zu verdienen. Sondern, um authentisch zu leben. Ganz zu leben. Durch und durch.

Wann wollen Sie Ihr Leben lieben, wenn nicht jetzt?

Schnellstart

Heldenreise in einer Stunde

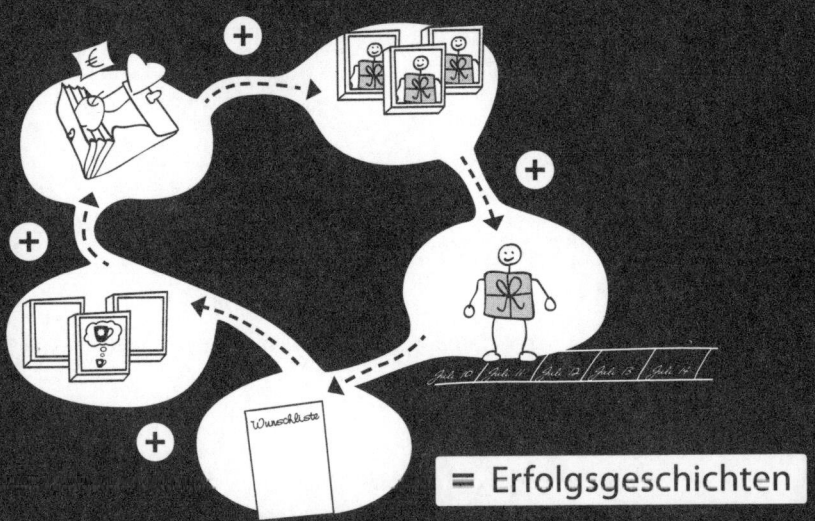

= Erfolgsgeschichten

Wenn Sie eine schnelle Spritztour lieber mögen als eine lange Reise und Espresso lieber trinken als einen großen Milchkaffee, können Sie hier auch alle Aufgaben bearbeiten, die Ihnen im Laufe dieses Buchs begegnen. Sie brauchen dafür lediglich einen Espresso, einen Stift und eine Stunde Zeit.

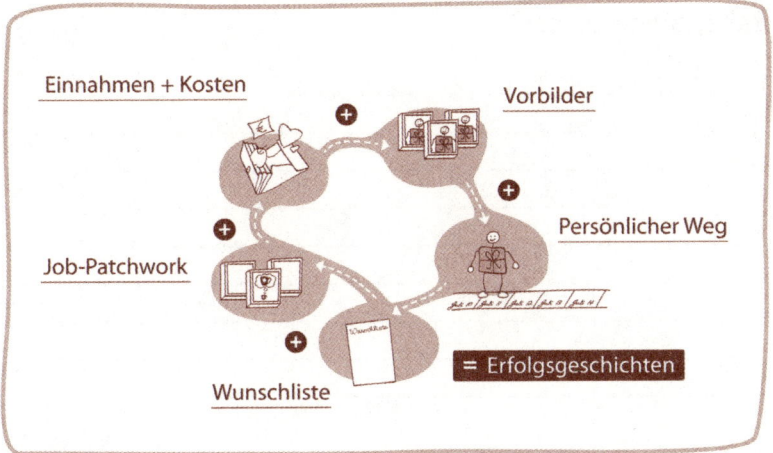

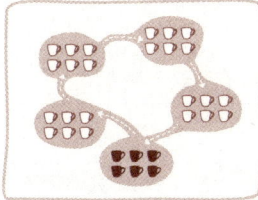

Kaffeepausen 1– 6
Kreativität: Leben Sie Ihre Vielfalt

Bevor die Entdeckungsreise losgeht, betrachten Sie Ihr Leben, so wie es jetzt ist. Konzentrieren Sie sich in diesem ersten Schritt auf das, wofür Sie dankbar sind. So starten Sie mit einer sicheren Bodenhaftung und mit einem Glücksgefühl. Warum? »Angst bezieht sich auf etwas Negatives, Dankbarkeit auf etwas Positives. Angst bezieht sich auf etwas Eingebildetes, Dankbarkeit auf etwas Reales. Angst speist sich oft aus einem Mangel, Dankbarkeit aus der Fülle und dem Reichtum«, schreibt Stefan Merath in seinem Buch *Die Kunst, seine Kunden zu lieben* (Merath 2011, S. 327). Also:

Kaffeepause ☕

Welches waren meine schönsten Geburtstage bisher?

Juli 10 | Juli 11 | Juli 12 | Juli 13 | Juli 14

1. _Kann mich an keinen erinnern..._

2.

3.

Kaffeepause ☕

Wofür bin ich dankbar im Leben?

Für meinen Sohn, für meine Ehe mit Torsten,
trotz Trennung; es hat mir Selbstvertrauen
gegeben ✓
Meine Hochsensibilität
  " Scanner-Persönlichkeit
  " Ausrede
  blitzerhelle Auffassungsgabe
  Gabe zu Flirte
  Gerechtigkeitssinn, Gewissenhaftigkeit
  Empathiefähigkeit
  in Deutschland zu leben ohne Krieg u.
    Umweltkatastrophe

Kaffeepause
Bin ich glücklich mit dem, was ich bin, tue und habe?

Sein: Ich bin glücklich über das, was ich bin:

Überhaupt nicht!   Sehr!

Tun: Ich bin glücklich über das, was ich tue:

Überhaupt nicht!   Sehr!

Haben: Ich bin glücklich über das, was ich in meinem Leben habe.

Überhaupt nicht!   Sehr!

Vielleicht ist Ihnen das, was Sie *tun*, zu langweilig? Zu sinnlos? Oder Sie wünschen sich sehnlichst, endlich die vielen Dinge abzuschaffen, die Sie als Ballast mit sich herumschleppen? Und stattdessen einige wenige Stücke zu *haben*, die Sie richtig schön finden und die für das stehen, was Sie sind oder *sein* wollen? Gut so!

Denn Ihre Reise in Ihr neues Leben beginnt mit einer kleinen Unzufriedenheit und mit einem *Ruf*, der ganz leise sein kann. Sie fühlen sich nicht wirklich glücklich. Oder Sie erleben etwas, das Ihr Innerstes auf den Kopf stellt. Das Ihnen zeigt: Ein anderes Leben ist möglich! Längst vergessene oder ganz neue Lebenswünsche werden laut. Dann hören Sie es ganz deutlich: »Eigentlich hätte ich gern ... mehr als einen Traumjob!«

Kaffeepause 4

Was sind meine geheimen Lebenswünsche?

[handschriftlich:]

Kreativ - Café
erfolgreiche Selbstständigkeit,
+ genug Zeit für (Familie 4) und
+ genug Geld, um sorgenfrei zu leben
eine erfüllende Partnerschaft mit gegenseitigem,
wachem Interesse

[Notizkarte:] Wunschliste

Kaum haben Sie diese Wünsche ausgesprochen, melden sich Zweifel und Ängste. Nicht nur Ihre eigenen, sondern auch die Ihrer Freunde und Ihrer Familie: »Du willst alles verändern? Das ist doch viel zu unsicher!« Oder: »Das passt nicht zu dir!« Oder: »Das hat ja noch nie jemand so gemacht.« Ihr erstes Hindernis sind alte Glaubenssätze.

Kaffeepause 5

Welche Glaubenssätze blockieren mich?

[handschriftlich:]

„Das kannst Du doch nicht alleine"
„Wie soll das gehen?"

Eigene Glaubenssätze:
Wenn es richtig läuft, schaffe ich die
Produktion gar nicht, also ...

Während in Ihrem Inneren die Sehnsucht nach einem neuen Leben und das Bestreben nach Sicherheit im Streit liegen, schauen Sie sich in Ruhe um: Gibt es jemanden, auf den Sie neidisch sind? Der Sie fasziniert? Schreiben Sie auf, wer das ist.

Kaffeepause 6

Ich wär so gern wie ... du!

_____

_____

_____

_____

_____

Erkenntnisse:
Ihre persönliche Wunschliste

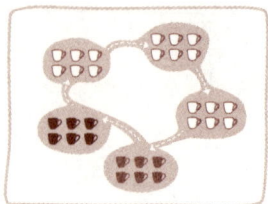

Kaffeepausen 7–12
Talentcafé: Entdecken Sie, was wirklich in Ihnen steckt

An dieser Stelle der Reise tauchen oft und unverhofft *Verbündete* auf, die Sie auf Ihrer Suche unterstützen und Ihnen Kraft geben. Also: Wer könnte Ihr Mentor sein? Schreiben Sie am besten mehrere Namen auf.

Kaffeepause 7
Wer könnte mich unterstützen?

_____

_____

_____

_____

_____

_____

_____

Ihr Mentor hilft Ihnen dabei, nicht nur die kleinen Widersacher der Weigerungsphase (Stichwort: Glaubenssätze) in Schach zu halten. Er unterstützt Sie auch dabei, Ihre eigene Begabung zu finden und ihr neuen Spielraum zu schaffen. Hier geht es nicht mehr um »pro« und »contra« Veränderung, sondern um mehr Kreativität, Freiheit und Selbstverwirklichung für Sie und Ihren Genius.

Was jetzt folgt, ist mit der Traumjobdetektiv-Methode verwandt, die Sie vielleicht aus meinem ersten Buch kennen. Sie können die Fragen acht bis zwölf als wichtige Prüfungen auf Ihrer Heldenreise zu Ihrem neuen Leben betrachten. Hier geht es darum zu zeigen, was Ihren eigenen Genius ausmacht: Worin sind Sie begabt? Außerdem geht es um den Genius Ihrer Lieblingsmenschen: Mit wem können Sie richtig gut durchstarten? Und nicht zuletzt um Ihre Lieblingsorte: Wo werden Sie kreativ?

Kaffeepause

Meine Talente, mein Genius: Worin bin ich begabt?

- mich in neue Aufgabegebiete reinzufuchsen
- kreatives Gestalte mit TOV z.B.
- aus Nichts etwas machen
- Organisiere, planen
- von 2D → 3D machen
- detaillierte Genauigkeit bei meiner Arbeit
- ReNo

Kaffeepause

Meine Lieblingsmenschen: Welche Werte sind mir wichtig?

- Empathie
- Gewissenhaftigkeit
- Ehrlichkeit
- Höflichkeit u. Manieren
- Gerechtigkeit
- Bildung
- Perfektion, zu → 80/20 Prinzip versuchen

Kaffeepause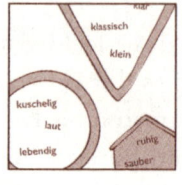

Meine Lieblingsorte:
Wo fühle ich mich am wohlsten?

- Zuhause
- Sauber, ordentlich u. aufgeräumt
- ruhig
- gemütliche Atmosphäre
- Naturtöne

Setzen Sie Ihre eigenen Begabungen in Beziehung zu den Menschen, mit denen Sie am liebsten zusammen leben und arbeiten, und zu Ihren Lieblingsorten, und schon entsteht Ihr ganz persönliches Job-Patchwork:

Kaffeepause

Meine Job-Patchwork-Formel:
Was, mit wem und wo will ich leben
und arbeiten?

_____

_____

_____

_____

_____

Es ist gar nicht so leicht, aus diesen drei Punkten im Handumdrehen ein neues Lebensmodell zu entwickeln. Vielleicht brauchen Sie noch einen Espresso. Oder Gesprächspartner. Oder Sie stellen sich Menschen vor, die schon heute genauso oder ganz ähnlich leben und arbeiten, wie Sie sich das für Ihr neues Leben vorstellen? Schreiben Sie die Namen auf.

Kaffeepause 🍵

Meine Vorbilder: So will ich auch leben und arbeiten

_____

_____

_____

_____

_____

Erkenntnisse:
Ihr persönliches Job-Patchwork

_____

_____

_____

_____

_____

_____

_____

_____

_____

_____

_____

_____

_____

_____

_____

Geschafft? Prima. Dann haben Sie eine wichtige Hürde genommen.

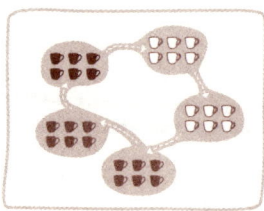

Kaffeepausen 13–18
Freiheit: So füllen Sie Ihre Heldenreisekasse

Im folgenden Teil der Prüfung geht es um Geld. Sind Sie in finanzieller Hinsicht fit für Ihr neues Leben? Um das herauszufinden, absolvieren Sie am besten den Fit-für-Finanzen-Parcours, den wir entwickelt haben und regelmäßig mit viel Spaß durchlaufen.

Kaffeepause 13

Wie viel Geld hatte ich im Laufe meines Lebens?

_____

_____

_____

_____

_____

_____

Kaffeepause 14

Welcher Geldtyp bin ich? Ich bin ...

- ☐ übermütig
- ☐ überfordert
- ☐ bescheiden
- ☐ vorsichtig
- ☐ pragmatisch
- ☐ ambitioniert
- ☐ souverän
- ☐ delegierend

Kaffeepause 15

Woher soll mein Geld kommen?
Ich verdiene als ...

- ☐ Angestellte/er
- ☐ Selbstständige/er
- ☐ Experte/in
- ☐ Unternehmer/in
- ☐ Investor/in

Kaffeepause 16

Wohin geht mein Geld?
So viel Geld kosten im Monat

Wohnen

_____

Essen, Trinken und Kleidung

_____

Telefon, Kommunikation

_____

Freizeit

Sparen

Spenden

Versicherungen

Investitionen

Kaffeepause
Welche finanziellen Ziele habe ich eigentlich?

Gedankenexperiment mit einem virtuellen Bankkonto: 30 Tage lang verdoppelt sich täglich der Geldbetrag, den Sie ausgeben dürfen. Beginnen Sie mit 10 Euro am ersten Tag und notieren Sie, wofür Sie diesen Betrag gern ausgeben würden. Am Folgetag sind es 20 Euro, dann 40 Euro, 80 Euro und so weiter. Es gilt, jeden Tag den kompletten Betrag auszugeben und aufzuschreiben, wofür. Nehmen Sie besonders die letzten Tage unter die Lupe und schauen Sie, wofür Sie wirklich Geld ausgeben wollen! Viel Vergnügen!

Kaffeepause
Bin ich finanziell fit? Fünf Testfragen

1. Habe ich Überblick über meine persönlichen Finanzen?
   Ja / Nein

2. Bin ich zufrieden mit meinem Einkommen?
   Ja / Nein

3. Habe ich meine Ausgaben im Griff?
   Ja / Nein

4. Verfolge ich ein konkretes finanzielles Ziel?
   Ja / Nein

5. Habe ich eine Strategie, um das Ziel zu erreichen?
   Ja / Nein

Erkenntnisse:
Ihre persönliche Finanzübersicht

_____

_____

_____

_____

_____

_____

_____

_____

_____

_____

_____

_____

Herzlichen Glückwunsch! Sie haben den Parcours geschafft. Zeit für eine schöne Pause im Gründercafé.

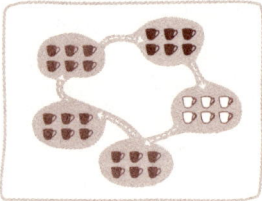

Kaffeepausen 19–24
Gründercafé: Treffen Sie erfolgreiche Vorbilder

Im Gründercafé haben Sie nun die Chance, Ihre Job-Patch-work-Idee auf den Prüfstein zu stellen. Funktioniert Ihre Idee? Was müssen Sie bei Ihrer Positionierung beachten? Mit welchen Kooperationen und welcher Art von Team kommen Sie am besten voran?

Kaffeepause 19
Mit wem kann ich über Geld sprechen?

1. _____

_____

2. _____

_____

3. _____

_____

Kaffeepause 20

Wo kann ich mehr über Geld lernen?

_____

_____

_____

_____

_____

_____

_____

_____

_____

_____

Kaffeepause 21

Wie kann ich mein Projekt oder mein Produkt positionieren?

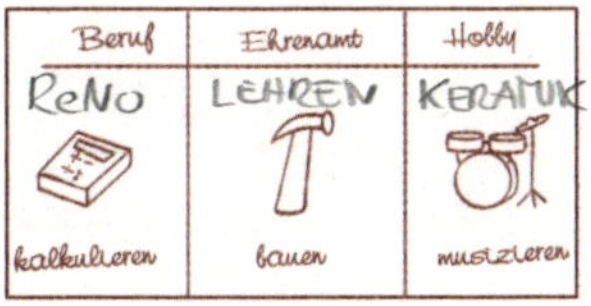

_____

_____

_____

_____

_____

_____

_____

_____

_____

_____

_____

_____

_____

Kaffeepause 22

Auf den Punkt gebracht: So sieht meine Idee aus, wenn ich sie auf eine Serviette zeichne

Kaffeepause 23

Mit wem möchte ich kooperieren? Wer gibt mir Kraft?

_____

_____

_____

_____

_____

_____

_____

Kaffeepause ☕ 24

Wen möchte ich in meinem Team haben?

_____

_____

_____

_____

_____

_____

Erkenntnisse:
Ihre persönlichen Vorbilder

_____

_____

_____

_____

_____

_____

_____

Noch einmal Glückwunsch! Sie haben Ihre Idee getestet und weiter konkretisiert. Dann sind Sie jetzt fit für das Trainingscamp am Money Beach. Diesen Strand gibt es wirklich. Höchste Zeit, dass Sie ihn kennenlernen.

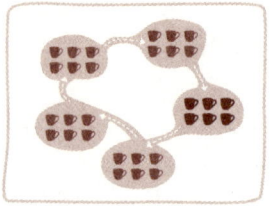

Kaffeepausen 25 –30
Selbstverwirklichung: Starten Sie Ihr Job-Patchwork-Leben

Sie jetten jetzt in das Land der unbegrenzten Möglichkeiten. Ihr Ziel heißt Money Beach, Florida. Sie lassen den Blick über das Meer streifen, lassen alle kleinkarierten Ängste und Sorgen hinter sich. Sie denken endlich ganz groß.

Kaffeepause 25

Welche Job-Patchwork-Idee möchte ich verfolgen?

_____
_____
_____
_____
_____
_____
_____

Nach einem Besuch in Disneyland erproben Sie die sogenannte Walt-Disney-Methode. Sie suchen sich dazu drei Gesprächspartner, denen Sie folgende Rollen zuteilen: Visionär, Kritiker und Realist. Wenn Sie mögen, können Sie eine vierte Person beteiligen, die die

Rolle eines neutralen Beobachters oder Beraters übernimmt. Diese Position kann zwar auch unbesetzt bleiben, die Erfahrung zeigt aber, dass die Methode mit der vierten Person noch besser funktioniert. Wenn Sie als Espresso-Trinker nicht so schnell so viele Personen auftreiben können, spielen Sie die Rollen einfach alle selbst.

Kaffeepause 26

So sieht meine Idee aus verschiedenen Blickwinkeln aus

1. Der Visionär ist von meiner Idee begeistert, weil

_____

_____

_____

_____

2. Der Kritiker gibt zu bedenken, dass

_____

_____

_____

_____

3. Der Realist bemerkt, dass

_____

_____

_____

_____

4. Der Berater empfiehlt, folgende Punkte zu berücksichtigen

_____

_____

_____

_____

Ist Ihre Idee wasserdicht? Wunderbar. Dann brauchen Sie jetzt noch das nötige Kleingeld, um durchzustarten. Dazu können Sie bei einer Bank nachfragen – oder Sie gehen den modernen Beach-Weg. Sie lassen sich das Geld einfach wellenweise anschwemmen. Mit Crowdfunding.

Kaffeepause 27
So finde ich Geld für mein Projekt

Geschafft! Sie haben alle Prüfungen bestanden. Jetzt können Sie abheben:

Kaffeepause 28
Wann starte ich in mein Job-Patchwork-Leben?

Kaffeepause 29

Rückblick: Das sind meine wichtigsten Erkenntnisse aus den Kaffeepausen:

_____

_____

_____

_____

_____

_____

_____

_____

_____

Nach Ihrem Gedankenabenteuer am Kaffeetisch kehren Sie in Ihr altes Leben zurück. Im Idealfall fühlen Sie sich kreativer, freier, lebendiger – mehr so, wie Sie wirklich sind! Sie haben eine Idee, wie Ihr neues Job-Patchwork-Leben aussehen wird. Sie freuen sich darauf, mehr Lebenslust, mehr Freiheit, mehr Fantasie leben zu können. Und darauf, dass Sie endlich damit starten können, wichtige Teile Ihrer bunten Persönlichkeit zu entfalten.

Jetzt heißt es, die neu erworbenen Erkenntnisse umzusetzen, den eigenen Erfolg zu genießen und die Freude mit anderen zu teilen.

Kaffeepause 30

So bedanke ich mich bei mir und feiere meine Erfolge

_____

_____

_____

_____

_____

Erkenntnisse:
Ihr persönlicher Weg

Juli 10 | Juli 11 | Juli 12 | Juli 13 | Juli 14

Meine Perspektiven

_____

_____

_____

_____

_____

_____

_____

_____

_____

Und jetzt ist alles gut? Für immer? Natürlich nicht, denn das wäre Ihnen auf Dauer mit Sicherheit zu langweilig. Eine Weile aber werden Sie glücklich und zufrieden leben können. Bis Sie den nächsten Ruf hören, und Ihre Reise von Neuem beginnt.

Kapitel I
Rückblick, Aufbruch und Kreativität: Leben Sie Ihre Vielfalt

Es gibt viele Menschen, die sich mit nur einem Traumjob nicht ausgelastet fühlen. Solche gab es schon immer! Denken Sie nur an Leonardo da Vinci oder Johann Wolfgang von Goethe – beide waren Forscher, Erfinder und Künstler zugleich. »Das waren doch Genies«, sagen Sie jetzt? »Damit kann ich mich doch nicht vergleichen«, möchten Sie einwenden? Ich denke: Warum vergleichen Sie sich eigentlich nicht mit diesen großen Namen? In jedem von uns steckt ein vielfältiges Genie – wenn wir ihm nur genügend Raum geben. Und eine gute Geschichte von ihm zu erzählen wissen.

Multitalentierte Selbstverwirklicher

»Portfolioarbeiter« heißt der Begriff, mit dem der Management-denker Charles Handy diese multitalentierten Selbstverwirklicher wie da Vinci oder Goethe bezeichnet. Undenkbar, dass der erste sich mit der Tüftelei an Flugmaschinen und der zweite sich mit der Skizze seines Farbkreises zufriedengegeben hätte. Oder nehmen Sie etwas jüngere Beispiele: Charles und Ray Eames, bekannt für ihre Möbelentwürfe und weniger bekannt für ihre Filme. Vicco von Bülow, genannt Loriot, unvergessen als Zeichner *und* als Regisseur *und* als Schauspieler. Vincent Klink (»Sitting Küchenbull«), bekannt als Spitzenkoch *und* als Jazz-Musiker.

Die gute Nachricht zuerst: Für Vielfalt wächst jetzt Freiraum. Und die Bereitschaft, diesen Freiraum auch zu nutzen. Schon 73 Prozent der Deutschen können sich vorstellen, in Projekten für mehrere Arbeitgeber zu arbeiten. Überdurchschnittlich hoch ist die grundsätzliche Bereitschaft zur Projektarbeit mit über 89 Prozent in der Altersgruppe 18 bis 24 Jahre sowie bei Personen mit höheren Schulabschlüssen – also Abitur oder Fachhochschulreife – mit 82 Prozent. Die Ergebnisse der Studie »Projektarbeit – Arbeitsmodell der Zukunft« von Experis, einer auf die Vermittlung von Hochqualifizierten spezialisierte Tochtergesellschaft des

Personaldienstleistungskonzerns ManpowerGroup »zeigen deutlich, dass die Arbeitnehmer in Deutschland Abschied genommen haben von dem einstigen Ideal, dem Job fürs Leben«, kommentiert Experis-Geschäftsführer Attilio Berni. Stattdessen sei heute für die Mehrheit ein abwechslungsreiches Berufsleben mit vielen verschiedenen Stationen und Aufgaben attraktiv. Ein Grund dafür sei das Bedürfnis nach einem erfüllenden Berufsleben: »Die Arbeitnehmer wollen ihre vielseitigen Interessen und Talente auch im Job nutzen«, so Berni.

Das klingt gut. Doch diese Art zu leben und zu arbeiten ist nicht für jeden gleich gut geeignet. Viele Menschen fühlen sich wohl in ihrem einen Beruf und würden im Chaos versinken, müssten sie zwei oder drei Jobs jonglieren. Es wäre absurd, den Menschen, die sich von den aktuellen Anforderungen schon jetzt überfordert fühlen, noch mehr Lasten aufzubürden. Es geht in diesem Buch nicht um immer höhere Ziele, immer mehr Sollen, um noch mehr »Schweiß und Tränen«. Es geht mir nicht darum, die Anforderungen an das »unternehmerische Selbst« (Ulrich Bröckling) noch weiter in die Höhe zu schrauben. Denn genau das ist es, was bei vielen zu einem Zustand des »erschöpften Selbst« (Alain Ehrenberg) geführt hat und führt. Dieses Buch möchte auch nicht das Problem der wenig oder gar nicht qualifizierten Multijobber in prekären Lagen glorifizieren und Multijobbing als schöne neue Welt ausgeben. Dieses Buch möchte Ihnen Mut machen, die Geschichte Ihres (Berufs-)Lebens neu zu entwerfen.

Erfinden Sie sich neu!

Wir alle leben in unserer persönlichen Geschichte, die wir uns selbst erzählen – und die wir anderen über uns erzählen. Doch Heldengeschichten entstehen nicht von selbst. Sie profitieren sehr davon, wenn Sie den roten Faden in Ihrer eigenen Geschichte suchen, die Stationen Ihrer Entwicklung. Schreiben Sie Ihre eigene Geschichte doch einmal als Heldengeschichte auf! Sie werden sehen: Auch Sie haben schon unglaubliche Abenteuer erlebt, furchtbare Drachen besiegt und Grenzen überwunden, um Ihrem Talent mehr Freiraum zu verschaffen. Werden Sie kreativ! Ich bin sicher: Sie können das.

Kreativität

Kreativität kommt vom lateinischen *creare*, was so viel bedeutet wie »etwas neu schöpfen, etwas erfinden, etwas erzeugen, herstellen«. Es bedeutet aber auch: »geschehen und wachsen«. Auf Ihrer Reise zu Ihrem neuen Job-Patchwork-Leben brauchen Sie beides: Sie werden aktiv, um neue Szenarien zu entwerfen. Und Sie geben sich selbst Zeit, um in ihr neues Leben hineinzuwachsen.

Doch um sich neu zu erfinden, müssen Sie erst einmal entdecken, woher Sie kommen und wer Sie heute sind. Ich finde: Das geht am besten, indem Sie sich an Ihre vergangenen Geburtstage erinnern.

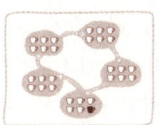 **Kaffeepause** 1

Welches waren meine schönsten Geburtstage bisher?

Sicherlich blicken Sie auf einige sehr schöne Geburtstage zurück. Vielleicht war Ihr 13., Ihr 18. oder Ihr 40. Geburtstag ein ganz besonderer Höhepunkt in Ihrem Leben? Suchen Sie sich Ihren allerbesten Geburtstag aus. Erinnern Sie sich: Auf was in Ihrem Leben waren Sie an diesem Geburtstag stolz? Wer waren Ihre Gäste?

_____

_____

_____

_____

_____

Auf der Suche nach dem Talentgeheimnis

Erinnern Sie sich, welche Geschenke und welche Gäste besonders gut zu Ihren Begabungen gepasst haben? Vielleicht haben Sie eine Gitarre bekommen oder eine Nähmaschine, einen Kochkurs, einen Fotoapparat, eine Motorsäge oder ein Buch, das Sie sehr angesprochen hat. Dies alles waren Chancen, Ihre Vielfalt zu entdecken und auszuleben. Doch warum ist es so schwer, den eigenen Talenten auf die Spur zu kommen? Und dann auf der Spur zu bleiben? Wie können wir uns mit unseren Talenten anfreunden, ihnen mehr Raum und Freiheit geben? Und warum möchten unsere Talente viel mehr haben als nur einen einzigen Traumjob?

Auf meiner langen Suche nach dem Geheimnis, das hinter unseren Talenten steckt, habe ich viele Begriffe gefunden: *Talent, Begabung, Ambition* und schließlich auch das Wort *Genius*. Es kommt vom lateinischen *genere*, was so viel bedeutet wie *zeugen* oder *erzeugen*. Im römischen Glauben bezeichnet es die dem Menschen innewohnende Schöpferkraft. Wer auf seinen Genius hört, der ist mit sich im Reinen, der folgt seinem Instinkt und seiner Ambition. Und wenn alles gut geht, dann ist er auf dem Weg zu Erfolg und sogar zu seinem Glück!

Der Genius-Wegbegleiter (siehe Illustration nebenan) erklärt den Traumjobsuchern im Talentcafé, wie sie ihre Begabungen und Talente entdecken, damit genug Geld verdienen, die Früchte des Erfolgs ernten und dabei auch noch ihrem eigenen

Herzen folgen können. Das Geschenk steht für das, was wir lieben zu tun, was wir sozusagen gern an andere weiterschenken. Der Kreis ringsum steht für die Orte, an denen wir uns mit unserem Genius wohlfühlen und auf Menschen treffen, die uns dafür lieben und schätzen oder einen ähnlichen Genius haben.

Die Römer stellten sich den *Genius* übrigens nicht nur als Wirkungsprinzip im einzelnen Menschen vor. Auch ganze Kollektive wie etwa das Volk Roms (*genius populi romani*) und sogar Orte (*genius loci*) konnten einen Genius haben. Es gab sogar einen weiblichen Gegenpart: die Göttin *Juno*. Ich bin diesen Spuren nachgegangen, weil ich hoffte, auf diesem Weg mehr über unsere Talente herauszufinden. Und siehe da – ich habe etliche Fundstücke entdeckt.

Juno und die Moneten

Juno war die römische Göttin der Geburt und der Ehe, außerdem die Königin aller Göttinnen (ob das wohl ein Traumjob ist?). Ihr Feiertag war die Matronalia (von lateinisch »Frau«) am 1. März, und als ihr heiliges Tier galt die Gans. Der Juno-Tempel stand auf dem Kapitol in Rom und beherbergte offenbar auch die städtische Münzstätte – Juno war Schutzpatronin dieser Stätte. Weil Gänse, die bei ihrem Tempel gehalten wurden, die Bürger Roms einmal schnatternd vor Feinden warnten, bekam Juno den Beinamen *Moneta*, die Warnerin. Daraus wurden später die Moneten und schließlich die Münzen ...

Der Genius als Team-Spirit und inspirierende Orte

Was hat es mit dem kollektiven Genius auf sich? Der Genius lässt sich offenbar auch als Gruppengeist oder Gruppenseele verstehen. Ein Geist, der »alle Individuen einer Familie oder Sippe einerseits miteinander und (...) mit dem Ursprungs- und ›Wohnort‹ des Gruppengeists verbindet« – so erklärt es Marco Bischof im Buch *Genius Loci* (2009).

Und was ist nun mit *Genius Loci* gemeint? Offenbar hat nicht nur jeder Mensch einen Genius – nein – auch Orte haben ihren besonderen Geist. Bei meiner Suche nach mehr Informationen entdeckte ich den Genius-Loci-Experten Robert Josef Kozljanic. Ihm zufolge gibt es keine klare Definition dieses merkwürdigen Ortsgeistes. Es scheint ihm aber bei allen Archäologen, Architekten und Landschaftsplanern, die sich mit diesem Thema beschäftigen, »ein gemeinsames Motiv, ein umgreifendes Bedürfnis zugrunde zu liegen: der zunehmenden Heimatlosigkeit unserer Zeit (...) entgegenzusteuern«. Wer den Genius Loci zum Ausdruck bringt, dem gelingt es, »aus einer Stelle einen Ort zu machen, das heißt, den potenziell in einer gegebenen Umwelt vorhandenen Sinn aufzudecken«.

Ein Gefühl der Dankbarkeit überkommt mich: Ich habe immer das Gefühl gehabt, dass die Orte, an denen ich am liebsten arbeite, besondere Orte sind. Ich konnte das aber nie begründen und wollte es auch nicht überbewerten. Aber nun zeigt sich: Es gibt sogar eine Theorie dazu!

Wie sieht es bei Ihnen aus? Wofür sind Sie dankbar?

Kaffeepause 2
Wofür bin ich dankbar im Leben?

Schreiben Sie zehn Punkte auf, für die Sie von Herzen dankbar sind! So können Sie sich freimachen von den vielen Konsumwünschen, die unsere Gedanken immer wieder blockieren. Ist es nicht so? Wir wollen immer den noch besseren Telefonvertrag, die individuellste Tasche, die einzigartige Wohnzimmertapete. Während wir Details und Preise vergleichen, vergessen wir, wie viele Geschenke des Lebens wir schon haben: gute, verständnisvolle Freunde, nette Nachbarn, eine liebe Familie, vielleicht Kinder, Glück mit Kinderbetreuung und Schulen, genug Geld zum Leben, Gesundheit, Zeit, eine erfüllende Lebensaufgabe, wunderbare Hobbys, ein schönes Dach über dem Kopf und vielleicht sogar einen Garten, eine Wohngegend, die wir mögen, Lebenslust, Glücksmomente, Natur, Frieden. Es tut gut, sich immer wieder auf das zu konzentrieren, was wirklich wichtig ist. Wofür sind Sie dankbar?

1. _____
2. _____
3. _____
4. _____
5. _____
6. _____
7. _____
8. _____
9. _____
10. _____

Wie sieht Ihre Liste aus? Bei mir finden sich im Moment überhaupt keine Dinge auf der Liste, die man für Geld kaufen kann.

Jetzt muss ich aber los, ich treffe eine neue Traumjobsucherin im Talentcafé: Paula.

Warum auch in Ihnen mehr als ein Traumjob steckt

Paula ist Ende 30 und ziemlich nervös. Im Moment arbeitet sie bei einer Werbeagentur, die Homepages für kleine und mittelständische Unternehmen erstellt. Ihr Job ist befristet, sie verdient nicht besonders gut, die Stimmung im Team ist durchwachsen, ihr Chef mimt zwar den coolen Hinterhaus-Kreativen, ist aber vor allem chaotisch und anstrengend. Kurz: Paula braucht eine neue Perspektive. Sie zeigt mir ihren Lebenslauf:

- *Schule:* Abitur *und* High-School-Abschluss nach USA-Jahr; Leistungskurse Deutsch, Mathematik; Wahlfach Musik
- *Ausbildung* als Geigenbauerin, anschließend *Angestellte* bei einem Geigenbauer
- *Studium:* Germanistik, Philosophie, Kunstgeschichte, nebenher *Lehrtätigkeit* als Tutorin
- *Praktika* in den Bereichen Fotografie und Tontechnik, bei einer Musikzeitschrift und einer Werbeagentur
- *Werkverträge/Nebenjob* in einer Werbeagentur
- *Kenntnisse:* Webseiten-Programmierung, digitale Fotobearbeitung, computergestützte Komposition
- *Hobbys:* Gesang, Gitarre, Komposition *und* Fotografie

Klarer Fall: Paula ist vielseitig. Als ausgebildete Geigenbauerin ist sie wahrscheinlich handwerklich geschickt. Als studierte Germanistin, Philosophin und Kunsthistorikerin hat sie intellektuell etwas zu bieten. Dabei ist sie offenbar nicht nur in Sprachen begabt, sondern auch in Mathematik und Musik. Und wenn es ihr Spaß macht, Homepages zu entwerfen und Fotos zu bearbeiten, ist sie obendrein auch noch gestalterisch talentiert.

Wer ist schon ein klarer Fall?

»Herzlichen Glückwunsch, Paula«, sage ich. »Du bist so vielseitig, dass du viel zu begabt bist, um nur mit einer einzigen Tätigkeit in einer Werbeagentur zu arbeiten. Wir werden sehen, wie wir für dich ein schönes, buntes Leben erfinden können.« »Ich weiß überhaupt nicht, wie das gehen soll«, seufzt Paula. »Jetzt habe ich so viel gelernt und studiert und gearbeitet, und weiß gar nicht, wohin mit mir. Und außerdem möchte ich gerne Kinder kriegen. Sie sollen auch noch in mein Leben passen, das ist mir ganz wichtig. Dafür brauche ich ja wohl einen sicheren Job. Aber ich will nicht zurück in die Geigenbauerwerkstatt. Die Arbeit dort ist zwar sehr schön,  aber auf Dauer ein wenig eintönig. Ich will auch nicht ewig in der Werbeagentur arbeiten. Du kannst dir gar nicht vorstellen, wie es ist, Texte für Versicherungsunternehmen zu schreiben. Außerdem habe ich mit einem Fulltime-Job nicht genug Zeit für meine Band und nicht genug Zeit zum Fotografieren. Ich glaube, ich bin ein schwerer Fall. Jedenfalls kein klarer Fall.« Paula lässt die Schultern hängen.

Geht es Ihnen auch so? Seien Sie beruhigt. Ich selbst bin auch kein klarer Fall. Manchmal kommen Reporter zu mir, fragen mich aus und verstehen trotzdem nicht, was ich mache: Kekse für Unternehmen? Traumjobdetektiv und Jobfee? Talente und Gründer? APRIL Stiftung und Berufsfindungsbücher? Für mich selbst hängt das alles ganz logisch zusammen. Und ich sehe, dass immer mehr Menschen anfangen, sich für ein Leben mit vielen Traumjobs zu begeistern. Zum Beispiel Roman Krznaric in seinem Buch *Wie man die richtige Arbeit für sich findet*. Er schlägt vor, den Mythos zu begraben, da draußen gäbe es den einen perfekten Job, der nur darauf wartet, dass wir ihn finden. Stattdessen plädiert er dafür, dass wir unser Selbst als »multipel« anerkennen und den vielen verschiedenen Facetten unseres Charakters nachspüren, die uns zu vielen schönen Traumjobs führen können.

Das Ergebnis ist ein wunderbares Job-Patchwork. Heute bin ich glücklich mit dem, was ich *bin*, was ich *tue* und was ich *habe*. Doch zugegeben: Danach habe ich lange gesucht. Wie geht es Ihnen? Legen Sie eine kleine Kaffeepause ein, um darüber nachzudenken.

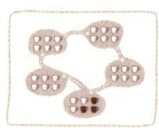 **Kaffeepause**

Bin ich glücklich mit dem, was ich bin, tue und habe?

Nicht was wir haben (oder: kaufen!), macht uns froh, sondern was wir sind. Nicht was wir uns vorstellen, gibt unserem Leben Sinn, sondern was wir konkret tun. Hand aufs Herz: Wie glücklich sind Sie heute? Markieren Sie jeweils die für Sie passende Stelle auf der Skala von »Überhaupt nicht« bis »Sehr!«.

Sein: Ich bin glücklich über das, was ich bin:

Überhaupt nicht!   Sehr!

Tun: Ich bin glücklich über das, was ich tue:

Überhaupt nicht!   Sehr!

Haben: Ich bin glücklich über das, was ich in meinem Leben habe.

Überhaupt nicht!   Sehr!

Ich bin überzeugt davon, dass bei jedem Menschen die richtige Mischung der eigenen Talente, der Talente der engsten Freunde und Geschäftspartner und der richtigen Orte zum Leben und Arbeiten die Grundlage für die passende Traumjob-Vielfalt bilden.

Das Selbstbild geraderücken

Leider kennen viele Menschen ihre eigenen Talente gar nicht richtig. Manche haben auch falsche Vorstellungen von ihnen. Oft deshalb, weil ihnen zum Beispiel Eltern oder Lehrer etwas eingeredet haben, was diese bei sich selbst vermissten. Dann ist es wichtig, das schiefe Bild zu entdecken und es wieder geradezurücken.

»Das kenne ich gut«, sprudelt Paula nun her-  vor. »Meine Mutter behauptet immer, ich sei ein didaktisches Naturtalent, bloß weil sie selbst gerne Lehrerin geworden wäre. Ich kann sogar ganz gut unterrichten, aber mir selbst ist das gar nicht so wichtig. Ich mache ja so viele Sachen gerne. Deshalb ärgere ich mich, wenn sie mir immer in den Ohren liegt, ich solle doch Lehrerin werden und auf diesem Weg einen sicheren Job ergattern. Sie sieht mich einfach nicht komplett – nur immer diesen einen Ausschnitt. Wie ignorant!«

»Eigentlich wär' ich gern ...« – diesen Gedanken, der meinem ersten Buch den Titel gab, tragen viele Menschen permanent mit sich herum. Sie wünschen sich, »eigentlich« ganz anders zu leben und zu arbeiten, stecken jedoch in ihrem eigenen Lebensmodell fest. Immer wieder spüren sie Impulse, ihr Leben zu verändern, ignorieren diese aber so lange, bis etwas Gravierendes geschieht. Das kann überraschend schön sein, sie verlieben sich plötzlich, werden schwanger, unerwartet ruft ein Headhunter an, oder sie bekommen eine Erbschaft, aber auch überraschend unschön, die Firma rutscht in die Insolvenz, die Wohnung wird gekündigt, sie werden krank.

Den Ruf der eigenen Begabung hören

Der US-amerikanische Autor Joseph Campbell bezeichnet solche Lebensereignisse als *Ruf* und als Startpunkt einer Heldenreise, die jeder von uns auf seine ganz individuelle Weise durchlebt – vor allem, davon bin ich überzeugt, wenn er sich auf die Suche nach seiner ganz eigenen, ungewöhnlichen Traumjob-*Kombination* begibt. *Kombination* ist wichtig! Dem griechischen Philosophen Epiktet wird der schöne Satz zugeschrieben: »Man darf das Schiff nicht an einen einzigen Anker und das Leben nicht an eine einzige Hoffnung binden.«

Nehmen Sie noch einmal Ihre Kaffeetasse – und spüren Sie dem *Ruf* Ihrer eigenen Begabung nach. Wohin zieht es Sie?

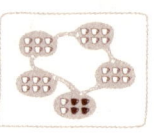 ### Kaffeepause

Was sind meine geheimen Lebenswünsche?

Wie sehen Ihre geheimen Lebenswünsche aus? Wenn Sie mögen, vervollständigen Sie bitte den folgenden Satz:

»Eigentlich *wär* ich gern _____ und _____,

außerdem _____ und vielleicht sogar _____.«

Wenn Sie im Sinne des Glückstests aus der vergangenen Kaffeepause noch weitere »eigentlich«-Fragen beantworten wollen – hier sind sie:

»Eigentlich *täte* ich gern _____ und _____,

außerdem _____ und vielleicht sogar _____.«

»Eigentlich *hätte* ich gern _____ und _____,

außerdem _____ und vielleicht sogar _____.«

Lassen Sie sich von Lieblingsmenschen inspirieren

Es geht um Sie. Um Ihren Genius. Aber nicht nur darum. Denn Ihr Genius blüht besonders dann bunt auf, wenn er in guter Gesellschaft ist.

Ich selbst habe es so erlebt. Im Talentcafé arbeiten wir seit vielen Jahren im Team. Und der Genius der Teammitglieder tickt ganz ähnlich wie meiner. Alle kommen entweder aus der Talent- oder Gründerförderung. Wir motivieren gern Menschen, die mit ihren Ideen durchstarten wollen und geben dafür wertvolle Impulse mit auf den Weg. Jeder von uns bringt zusätzliche Talente und Begabungen mit ins Team. Es war gar nicht so schwer, die richtigen Leute zu finden. Ich habe einfach die ausgewählt, die ich von ganzem Herzen mochte.

Dabei ist etwas Erstaunliches passiert: Im Team und im Kontakt mit den Traumjobsuchenden im Talentcafé und mit den Menschen im Gründercafé hat niemand Mühe mit dem Thema Kommunikation! Selbst diejenigen nicht, die eher introvertiert und wenig gesprächig sind.

Der französische Anthropologe Marc Augé hat einmal gesagt, dass man da zu Hause ist, wo man sich ohne Schwierigkeiten verständlich machen kann. Haben Sie den Eindruck, dass Ihre Kollegen und Ihre Kunden Sie nicht verstehen? Obwohl Sie schon etliche Kommunikationsseminare ertragen haben? Vielleicht liegt es einfach daran, dass Sie nicht mit den richtigen Menschen zusammen sind. Oder am falschen Ort. Oder beides.

Besondere Orte machen Sie kreativ

Ich habe lange nach den richtigen Menschen und nach einem guten Ort für mich gesucht. Mit dem Ende der DDR war mir die alte Heimat unter den Füßen weggezogen worden, obwohl sich das Fleckchen Erde Berlin geografisch gar nicht geändert hatte.

Auf der Suche nach meinem Traumjob bin ich dann richtig auf Wanderschaft gegangen: Ich habe in Bürohäusern gearbeitet, in Theatern, in Fitnessstudios. Zu Hause gefühlt habe ich mich oft dann, wenn ich mich nach der Arbeit in mein Lieblingscafé gesetzt und mein Notizbuch aus der Tasche gezogen habe. Irgendwann habe ich dann beschlossen, in meinem eigenen Lieblingscafé zu arbeiten. Und als ich im Kunsthof den perfekten Ort für mein eigenes Café gefunden hatte, wusste ich sofort: Jetzt bin ich angekommen.

Hier ist es schön ruhig, das Licht fällt durch die Fenster, es ist warm, es duftet herrlich gut nach Keksen. Die Cafébesucher fühlen sich wohl. Auch wenn das Café nicht bis in den letzten Winkel durchgestylt ist. Darauf kommt es mir gar nicht an. Es geht hier um Menschen wie Sie, nicht um Design. Das Café soll uns einen Moment lang beschützen und zu uns passen.

»Das will ich auch!«, denken Sie jetzt? Sie wollen auch, dass sich Ihr Genius wohlfühlt? Sie wollen einen schönen Ort für sich und ganz viele tolle Berufe? Sie sehen es gar nicht ein, sich nur auf einen langweiligen Job zu beschränken? Wunderbar. Dann sind Sie genau der richtige Typ für ein Multi-Traumjob-Leben.

Aber warum ist die Suche nach dem richtigen Traumjobmix bloß so verzwickt?

Warum uns ein einziger Job nicht glücklich macht

Die Suche nach dem Traumjob war schon immer so schwierig wie die Suche nach dem Traumpartner. So, wie es nicht den einen Lebenspartner gibt, der alle unsere Interessen teilt, alle unsere Vorlieben liebt und alle unsere Bedürfnisse erfüllt, gibt es auch nicht den einen Traumjob, der uns absolut und komplett glücklich macht bis ans Ende unserer Tage. Wir brauchen ein vielfältiges Jobportfolio genauso wie einen bunten Freundeskreis. Warum haben die meisten Leute trotzdem nur einen Job? Wie ist unser Ein-Job-Leben entstanden? Warum füllt es uns nicht aus, setzt uns unter Druck und treibt immer mehr Menschen in die Erschöpfung? Kochen Sie sich eine Kanne frischen Kaffee, denn diese Zusammenhänge will ich jetzt untersuchen.

Wir unternehmen eine kleine Zeitreise ins Mittelalter. Damals lebten die meisten Menschen auf dem Land – nicht in der Stadt. Die meisten hatten Brotjobs: Sie waren Bauern oder Leibeigene, Müller, Bäcker, Weber, Schuster, Schmied oder Salzsieder. Daneben gab es noch Jobs auf den Burgen – vom Waffenschmied bis zum Hofnarr –, außerdem medizinische Jobs wie Bader oder Arzt, Recht-und-Ordnung-Jobs wie Schultheiß oder Scharfrichter und Jobs im Handel und der Gastronomie, in der Religion und in der Kunst. Ähnlich wie heute.

Doch anders als heute galt damals für alle: Sie machten möglichst alles selbst. Die meisten lebten von einer Mischung aus Naturaleinkommen und Geldeinkommen. Im Sommer sah ihre Arbeit anders aus als im Herbst oder in den harten Wintern, die viele von ihnen nicht überlebten. Wenn die Not zu groß wurde, flohen viele Leibeigene in die Städte, um sich dort durchzuschlagen. Gelang ihnen dies ein Jahr lang und einen Tag, ohne dass ihr Herr sie einfangen konnte, so waren sie für immer frei – und konnten hier ein mehr oder weniger elendes Leben führen, zum Beispiel als Hilfsarbeiter oder »Projektemacher« – ob dieser Beruf etwas taugt, wurde übrigens schon im 17. und 18. Jahrhundert kontrovers diskutiert.

Öde neue Wirtschaftswunderwelt

In den 1920er Jahren tauchten die ersten Ratgeber für erfolgsorientierte Menschen auf. Das Buch *Sich selbst rationalisieren. Die Planung des Berufserfolgs*, das Gustav Großmann 1927 publizierte, wurde bis in die 1990er Jahre nachgedruckt! Parallel schrieben Autoren die ersten, sehr nachdenklichen Texte über den tristen Alltag der *Angestellten,* zum Beispiel 1929 Siegfried Kracauer. Mit dem Zweiten Weltkrieg begann dann die große Zeit der Massenproduktion. Die Verstädterung breitete sich aus, die vielen kleinen Bauernhöfe verschwanden, die Vollbeschäftigungsgesellschaft bescherte uns im Wirtschaftswunderland der 50er und 60er Jahre ein Leben mit *einem sicheren Job* plus *Sozialversicherung.* Nach der Optimierungswut des Fordismus-Taylorismus entdeckte die Managementliteratur dieser Zeit den kommunizierenden Menschen und propagierte psychologische Methoden als neue Führungstechnik.

Das sieht, oberflächlich betrachtet, wie ein Fortschritt aus, beunruhigte aber kritischere Geister wie den Soziologen William H. Whyte zutiefst. Die allgemeine Angestelltenverblödung unter dem Joch des positiven Denkens und der von den Unternehmen vorstrukturierten Selbstverwirklichung, die bis heute grassiert, sah er weit voraus, als er den farblosen, konservativen, ideenlosen, angepassten, sicherheitsorientierten, disziplinierten, ehrgeizigen, bürokratischen *Organization Man* beschrieb – und zwar schon 1956.

Von der bunten Hippie-Welt zum Burn-out im Büro

In den 1960er Jahren erschienen die Hippies auf der Bühne. Von ihren frühen Experimenten, in Kollektiven zu arbeiten und sich in der Arbeit selbst zu verwirklichen, bis zu den jungen Berliner Kreativen mit ihren Strickmützen, Hornbrillen und Eiermann-Schreibtischen führt eine erstaunlich gerade Linie.

Die Hippies hatten keine Lust mehr auf Fremdbestimmung, sie wollten eine Gegenökonomie und Selbstbefreiung. Dabei geschah etwas Merkwürdiges: Aus den alternativen, antikapitalistischen Experimenten entstanden genau die Arbeitsformen und der

Arbeitsethos, die unser Wirtschaftssystem heute prägen. Unser modernes Arbeitsleben, an dem immer mehr Menschen scheitern, weil sie ausbrennen, haben wir wohl nicht zuletzt den Hippies zu verdanken.

Heute arbeiten wir zwar häufig relativ selbstbestimmt in Projekten. Doch die autoritären Vorgesetzten, die uns von außen antrieben, haben wir eingetauscht in – leider noch gnadenlosere – innere Antreiber, die uns pausenlose Selbstbegeisterung und Selbstverantwortung abfordern, bis wir unter den eigenen Zielvereinbarungen zusammenbrechen und in die Burn-out-Klinik gehen.

Dennoch sind wir ein wenig freier als in den 50er Jahren – aber auf andere Weise. Freier, weil der starke Druck abgenommen hat, bestimmte soziale Regeln einhalten zu müssen. Und unfreier, weil wir jetzt nicht mehr unter dem Regime der Regeln stehen, sondern unter dem Regime der Selbstverwirklichung, die uns aber nicht gelingen will. »Und warum nicht?«, fragen Sie sich? Ich bin überzeugt: Weil wir das Ideal der Selbstverwirklichung genauso wenig verwirklichen können wie die ideale Liebe. Es bleibt ein Ideal. Eine Vorstellung.

1982 beschrieben Tom Peters und Robert H. Waterman in ihrem Buch *In Search of Excellence* (auf Deutsch erschienen unter dem Titel *Auf der Suche nach Spitzenleistungen*), dass Exzellenz in den Unternehmen dann entsteht, wenn die Angestellten möglichst viel Selbstverwirklichungspotenzial freisetzen können. Klingt ja erst einmal toll: Mehr Selbstverwirklichung für mehr Umsatz! 1984 tauchte der *Unternehmer der eigenen Arbeitskraft* mit der frohen Botschaft auf, dass jeder die Freiheit habe, seine eigene Arbeitskraft zu Markte zu tragen und sein Glück damit zu machen, und mit der weniger frohen Botschaft im Kleingedruckten: dass es dazu keine Alternative gibt.

Der Arbeitskraftunternehmer wurde übrigens in den 1990er Jahren schon wieder ausrangiert und ersetzt durch den noch radikaleren Lebensunternehmer, der dann der Ich-AG Platz machen musste. Im Idealfall verwirklicht sich der Ich-AGler frei mit einem ganzen Portfolio an Traumjobs. Zu diesem Portfolio gehören sogar nicht nur Jobs, sondern ganz viele unterschiedliche Projekte: Arbeitsprojekte, Work-out-Projekte, Yogaprojekte, Freundschaftsprojekte, Jetzt-kriegen-wir-ein-Kind-Projekte, Hausbauprojekte, Ehrenämter – alles Mögliche. Manches wird bezahlt, manches kostet Geld, manches bringt und kostet nichts.

Portfolio oder Patchwork?

Das Wort Portfolio kommt vom lateinischen Wort *portare*, das heißt tragen, und von *folium*, das heißt Blatt. Ursprünglich war ein Portfolio wohl eine Sammelmappe. Wir kennen diese Mappen immer noch von Künstlern, die darin ihre Werke sammeln. Heute begegnen wir dem Wort aber meistens im Wirtschaftsteil der Zeitungen. In der Finanzwelt ist ein gut sortiertes Portfolio ein Bündel von Investitionen in verschiedene Aktien, Währungen und was es sonst noch alles gibt. Dadurch wird das Risiko gestreut; der Investor setzt im Wortsinne nicht alles auf eine Karte. In der Wirtschaft versuchen die Unternehmen, sich einerseits auf bestimmte Produkte oder Dienstleistungen zu konzentrieren, andererseits aber ein geschickt sortiertes Bündel verschiedener Angebote ins Portfolio zu nehmen. Auch das wiederum, um das Risiko zu streuen.

Theoretisch heißt das für uns heute: Mit einem guten Jobportfolio sind wir besser gegen Krisen gewappnet. Angenommen, Sie arbeiten als fester freier Mitarbeiter bei einer kleinen Unternehmensberatung. Dann können Sie nebenher einen Blog über Wirtschaftsthemen betreiben und als Selbstversuch ein kleines Social-Business-Unternehmen aufbauen. Wenn dann die Unternehmensberatung keine Aufträge hat, machen Sie aus dem Blog ein Buch, ziehen das Social-Business größer und bauen den Online-Vertrieb dieses Unternehmens aus. Wenn dieser Vertrieb dann läuft, können Sie auch Produkte von anderen Unternehmen darüber vertreiben und so mehr Umsatz machen. Das kostet dann aber so viel Zeit, dass Sie Ihren Blog einfrieren. Weil Sie aber über das Buch schon bekannt geworden sind, fangen Sie an, Vorträge zu halten. Das hören wieder andere Leute, die Ihnen anschließend eigene Projekte vorstellen und fragen, ob Sie dort mitmachen wollen.

Am Portfoliobild gefällt mir nur ein Punkt nicht: Man sieht immer nur ein Blatt – nie alle Blätter gleichzeitig. Deshalb bevorzuge ich das Wort Patchwork. In einem Patchwork leuchten alle Farben und alle Muster gleichzeitig, und die verbindenden Fäden sieht man auch. In den 1980er und 1990er Jahren hat man von Patchwork-Identitäten gesprochen. Das klingt aber immer gleich so problematisch. Ein Patchwork-Job-Leben ist, so sehe ich es, sehr zeitgemäß, sehr viel lustiger als ein Ein-Job-Leben, es tut unserem Genius gut und bringt unsere einzigartige Identität überhaupt erst zum Ausdruck.

Die entscheidende Erkenntnis aus unserer kleinen Reise durch die Geschichte der Arbeit ist, dass das eindimensionale *Organization-Man*-Leben der 1950er Jahre nicht unsere naturgegebene Lebensform ist. Wir können mit ganz verschiedenen Selbstentwürfen zugleich leben. Heute bin ich diese, morgen bin ich jene, und in fünf Jahren sieht alles wieder anders aus. Viele junge Leute kommen zu uns ins Café, die fest daran glauben, dass sie den Job ihres Lebens finden und dann immer auf dieser Spur bleiben müssen. Oft haben die Eltern es ihnen so eingetrichtert. Und dann wundern sich diese Traumjobsucher, warum sie sich eigentlich gegen ein solches Normalleben wehren. Warum sie allergisch sind gegen streng geregelte Arbeitsabläufe, Zeitpläne, Organisationsstrukturen – vor allem gegen einen durchgeplanten Lebenslauf vom Traineeprogramm bis hin zur Rente. Es ist weder normal noch natürlich. Es war nur in einer kurzen Epoche das vorherrschende Modell, mehr nicht.

Ein gemischtes Einkommen, bitte

Heute verdienen manche Job-Patchworker richtig gut in ihrem Job, weil sie sich sehr gut am Markt platziert haben und etwas können, was andere nicht zu bieten haben. Andere sind auf sogenannte *Income-Mixes* angewiesen: Sie haben einen oder mehrere Jobs und bekommen Leistungen vom Staat dazu. Oder sie haben neben ihren Honoraren zusätzliche Einkommensquellen, weil sie bereits ein Vermögen aufgebaut oder Immobilien geerbt haben. Das klingt gar nicht so schlecht. Schlecht aber geht es denen, die nicht zum gut verdienenden *Kognitariat* gehören, also zu den Wissensarbeitern, sondern zum schlecht verdienenden *Prekariat*, also zu denen, die schlimmstenfalls in mehreren, schlecht bezahlten Jobs arbeiten.

Seit der Einführung der 400-Euro-Jobs im Jahr 2003 ist die Anzahl der Multijobber um mehr als das Doppelte gewachsen: auf fast 2,5 Millionen Menschen! Und das sind nur die offiziellen Zahlen. Dabei sind die vielen in Teilzeit arbeitenden Menschen nicht mitgezählt, die nebenher Autos reparieren oder Wohnungen putzen, die selbst gefilzte Mützen, ausrangierte Bobbycars und ausgelesene Bücher über das Internet verkaufen. Das Statistische Bundesamt hat neulich herausgefunden, dass 20,6 Prozent aller Beschäftigten in Betrieben mit zehn und mehr Beschäftigten für einen Niedriglohn arbeiten. So viele! Außerdem gab es 2011 noch jeweils knapp zwei Millionen Unterbeschäftigte in Teilzeit und zwei Millionen Unterbeschäftigte in Vollzeit – das sind die Menschen, die sich mehr Arbeit oder mehr Arbeitsstunden wünschen. *Stille Reserve* nennen die Behörden das. Für mich klingt das so, als säßen diese Jobber im Tiefkühlschrank und warteten darauf, dass sie jemand zur weiteren Verwendung auftaut.

Diese Multijobber haben nicht mehrere *Dreamjobs*, sondern eher mehrere *Odd-Jobs*, und sie verdienen trotzdem nicht genug Geld. Doch diese, häufig wenig qualifizierten Multijobber sind gar nicht die, die zu uns ins Talentcafé kommen. Nach einem oder mehreren Traumjobs suchen eher die typischen Vertreter der Mittelschicht. Also junge Männer und Frauen, die studiert haben, und jetzt doch nicht oder nicht nur Lehrer, Jurist, Arzt oder Journalist werden wollen.

Ich glaube, bei diesen Gutverdienern ist es eine Typfrage: Die einen empfinden es als Unglück, dass durch die Multijobberei unser komplettes Leben büroförmig geworden ist. Die anderen lieben es, viele spannende Jobs zu machen und den Caféhaustisch oder das eigene Sofa mit Laptop und Smartphone in ein weiteres Büro zu verwandeln.

Job-Patchworking – geht das überhaupt?

»Viele kleinere Jobs? Das geht bei mir nicht!« Ist es das, was Ihnen jetzt durch den Kopf schießt? Wer sagt, dass das nicht geht? Ist es Ihr Chef? Oder ist es Ihre Vorstellung von einer »richtigen« Karriere?

Welche Argumente Ihnen auch gegen ein neues Leben mit mehreren Traumjobs einfallen: Es sind keine Naturgesetze. Es sind nur Argumente. Vielleicht ist es auch einfach nur die Ignoranz anderer Menschen gegenüber Ihren besonderen Begabungen.

Ich habe sie selbst erlebt – aber ich habe es auch erlebt, dass man sich daraus befreien kann. In meiner Kindheit in der DDR hatten meine Trainer die fixe Idee, mich zu einer Hochleistungshürdenläuferin zu machen. Mir hat das Training Spaß gemacht, ich habe fleißig geübt, wurde richtig gut im Hürdenlaufen, aber ich war in dieser Disziplin gar nicht so begabt, wie alle meinten. Vielleicht hat jeder Mensch die Aufgabe, sich aus irgendeiner Art von Enge und Fremdbestimmung zu befreien und seinen eigenen Weg zu finden? In meinem Fall war das politische System Ursache für fehlende Freiheit.

Doch auch in einem Land, das so viele Freiheiten gewährt wie unseres, gibt es immer noch gesellschaftliche Milieus mit sehr festen Vorstellungen davon, wie ein »vernünftiger« Lebensweg auszusehen hat. Dazu kommen Konflikte zwischen der älteren Generation, die sich gerade Berufswege und sichere Arbeitsplätze als Normalfall vorstellt, und der jüngeren Generation, die zunehmend selbstständig, flexibel und vernetzt arbeiten möchte.

So muss sich wohl jeder von uns den Spielraum für seinen Genius selbst erkämpfen – ganz gleich, wann und wo er geboren wurde. Die Biografien beeindruckender Menschen zeigen immer wieder: Je größer der Kampf, desto erstaunlicher war oft das, was diese Menschen aus ihrem Leben machten!

Merkwürdig ist: Auch wenn wir unsere geheimen Lebenswünsche genau kennen und die Rahmenbedingungen sich bereits so geändert haben, dass wir unseren gewohnten Lebensweg nicht weiter gehen können, halten wir doch gerne an vertrauten Mustern fest. Vielleicht, weil wir Angst vor Veränderungen haben. Das ist eigentlich auch vernünftig. Warum sollten wir etwas ändern, was sich bewährt hat? Vielleicht auch, weil wir oft zwar wissen, dass es so nicht weitergehen kann, aber noch keine Idee haben, wie es stattdessen weitergehen soll.

Häufig tauchen in solchen Situationen Glaubenssätze auf, die wir von den eigenen Eltern oder sogar Großeltern übernommen haben. Oder, besser gesagt: Es tauchen Realitäten auf, die vor 50 Jahren aktuell waren und die es heute längst nicht mehr gibt, die aber noch immer unsere Weltsicht prägen. Mit alten Sichtweisen wie diesen versuchen wir zu rechtfertigen, warum wir mit unserem neuen Traumjob oder Job-Patchwork nicht glücklich werden können:

- »Eine Mutter sollte nicht arbeiten.«
- »Ein Mann mit Halbtagsjob ist kein richtiger Mann.«
- »Sich selbstständig zu machen, ist viel zu riskant.«
- »In unserer Familie gibt es keine Künstlertypen.«

Kommen Ihnen diese Glaubenssätze bekannt vor? Dann ist es höchste Zeit für eine Kaffeepause.

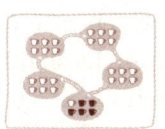 ### Kaffeepause
Welche Glaubenssätze
blockiert mich?

Welche Glaubenssätze Ihrer eigenen Eltern und Großeltern haben Sie noch heute im Kopf? Schreiben Sie die wichtigsten Sätze auf. So werden Ihnen diese Sätze klarer – und Sie sehen gleich, welche heute noch Gültigkeit haben, und welche nicht:

1. _____

   _____

2. _____

   _____

3. _____

   _____

Ursprünglich wollte ich übrigens Herzchirurgin werden, doch das durfte ich nicht. Denn in der DDR hing die Studienplatzvergabe nicht nur von den Noten ab, sondern auch davon, ob man in die Partei eintreten würde. Das wollte ich nicht. Also wurde ich aufgrund meiner Sportvergangenheit Lehrerin für Sport mit dem Ziel, später als Hürdenlauftrainerin zu arbeiten. Als die Wende kam, studierte ich Wirtschaftswissenschaften und Kultur- und Medienmanagement, um zu verstehen, wie Ökonomie und unternehmerisches Denken funktionieren und gute Geschichten in die Medien kommen. Nebenher arbeitete ich in den verschiedensten Jobs, testete verschiedene Formen von Fundraising und fing dann, zur Überraschung für viele, an zu backen.

»Als Fundraiser backen?«, fragen Sie sich? »Was hat das denn miteinander zu tun?« Ganz einfach: Ich backte Kekse für die Konferenztische von Unternehmen. Mit dem Erlös finanzierte ich den Aufbau der Berufsberatung im Talentcafé.

Mein Genius ist ein sehr unruhiges Kerlchen. Er hält mich ständig auf Trab. Er will Probleme lösen, Dinge erfinden, Zusammenhänge entdecken, Menschen motivieren, Impulse geben und immer wieder gern auch etwas ganz konkret gestalten. Deshalb würde ich in einem eintönigen Bürojob ganz schnell eingehen. Von 9:00 Uhr bis 18:00 Uhr vor dem Computer sitzen, das könnte ich auf Dauer gar nicht aushalten.

Geht es Ihnen auch so? Ich glaube, dass sich die meisten Menschen nicht ausschließlich für Buchhaltung oder ausschließlich für den Verkauf von Solarzellen interessieren. Wie können sie also glücklich werden, wenn sie sich in ihrem Beruf auf ein einziges Thema fokussieren müssen? Gerade die Menschen mit hoher Begabung, hoher Intelligenz oder Kreativität haben häufig polythematische Interessen. Sie brennen für viele und völlig verschiedene Themen, die sie auch alle gleichzeitig verfolgen. Viele haben auch Mehrfachbegabungen. Oft bekommen sie zu hören, sie seien sprunghaft oder undiszipliniert, weil sie nicht bei einer Sache bleiben. Aber sie können nicht anders. Für mich ist das kein Zeichen für Sprunghaftigkeit, sondern für Vielfalt!

Ist Vielfalt nicht völlig normal? Ich jedenfalls kenne nicht einen einzigen Menschen, der nur einen einzigen Job macht und daneben keine anderen Projekte verfolgt. Ich kenne niemanden, der in seiner Rolle als Kekslieferant, als Programmierer oder als Jurist völlig aufgeht. Alle sind mehr oder weniger *multi* unterwegs. Und viele sind dabei sehr erfolgreich!

In der nächsten Pause können Sie überlegen, welche Menschen Sie so toll finden, dass Sie gerne so wären wie diese – und sei es nur für einen Tag.

Kaffeepause 6

Ich wär so gern wie ... du!

Wären Sie gerne ein anderer? Vielleicht ein berühmter, erfolgreicher Mensch, der sogar Neid auf sich zieht (»Invidia gloriae comes« wusste schon der römische Geschichtsschreiber Cornelius Nepos:

Neid ist des Ruhmes Begleiter.). Doch Neid klingt so negativ. Halten Sie sich lieber an das gut gelaunte Lied, das Affenkönig King Louie beschwingt in *Das Dschungelbuch* singt. Für wen würden Sie diesen Song am liebsten singen?

»*Oh dubidu*, liebe/r _____, ich wär so gern wie duhuhu, *habdibudibubao*.«

Erkenntnisse:
Ihre persönliche Wunschliste

Und jetzt zu Ihren Talenten. Ich lade Sie herzlich ein ins Talent-café! Hier können Sie entdecken, welche Begabungen in Ihnen schlummern und wie Sie daraus Ihr persönliches Job-Patchwork schneidern können.

Kapitel II

Talentcafé: Entdecken Sie, was wirklich in Ihnen steckt

Sie erinnern sich an Ihre erste Kaffeepause? In dieser Pause hatten Sie über Ihre besten Geburtstage nachgedacht. Ehrlich gestanden: Ich liebe Geburtstage. Nicht wegen der Party, sondern wegen der Symbolkraft dieses Tages. Meinen eigenen Geburtstag nehme ich gerne zum Anlass, Bilanz zu ziehen und Pläne zu schmieden. Es ist, als ob mein eigenes Leben an jedem Geburtstag frischen Wind bekommt. Hannah Arendt hat das 1970 sehr schön auf den Punkt gebracht: »Da wir alle durch Geburt, als Neuankömmlinge und als Neuanfänge auf die Welt kommen, sind wir fähig, etwas Neues zu beginnen; ohne die Tatsache der Geburt wüssten wir nicht einmal, was das ist, etwas Neues: alle ›Aktion‹ wäre entweder bloßes Sich-Verhalten oder Bewahren.«

Nun, Verhalten und Bewahren sind mir zu langweilig, ich denke mir lieber neue Projekte aus und freue mich, sie in die Welt zu setzen. Wenn Sie mein erstes Buch *Eigentlich wär ich gern …* gelesen haben, dann wissen Sie, dass ich dazu gerne 100-Tages-Pläne oder 1 000-Tages-Pläne entwerfe – was vielleicht etwas mit meinem früheren Leben als Hürdenläuferin in jahrelangen Trainingsprogrammen zu tun hat. Ich entwerfe auch gerne Wunschlisten, denn meiner Erfahrung nach gehen Schwarz auf Weiß aufgelistete Wünsche viel eher in Erfüllung als heimliche Wünsche. Aus diesem Grund arbeiten wir im Talentcafé sehr erfolgreich mit Wunschlisten – dazu später mehr.

Talente, Genius – was ist das eigentlich?

Manchmal kommt das Glück aber auch genau dann, wenn man es nicht systematisch plant oder sich herbeiwünscht. So habe ich in diesem Jahr zum Geburtstag das kleine Buch *Warum feiern wir Geburtstag?* bekommen. Und darin steckte eine große Überraschung: Vor gut 2 000 Jahren, so lese ich darin, feierten die Römer auch schon Geburtstag – allerdings nicht jedes Jahr, sondern jeden

Monat. Immer dann, wenn sich das Geburtstagsdatum wieder-
holte. Gefeiert wurde dabei nicht das Geburtstagskind selbst, sondern sein *Genius*. Die Römer glaubten nämlich, dass jeder Mensch
bei seiner Geburt einen eigenen Lebensbegleiter bekommt.

Das Wort *Genius* beglückt mich. Es gibt eine enge Verbindung
zwischen meinen Lieblingsthemen *Talent* und *Geburtstag*! Und im
Talentcafé dreht sich alles um den Genius der Traumjobsucher!
Um Ihren Genius! Wir tun im Talentcafé nichts anderes, als diesen
Genius gemeinsam zu suchen, zu entdecken und zu feiern. Dabei
merken wir immer wieder, dass sich viele Menschen nicht gern
selbst feiern. Sie konzentrieren sich lieber auf abstrakte Modelle,
auf den Markt, auf Geld. Kein Wunder, dass viele darüber die eigenen Talente aus dem Blick verlieren. Sie feiern ihren Kontostand,
ihr Auto, was auch immer, nicht aber ihren Genius, und wundern
sich dann darüber, dass sie nicht glücklich sind.

Lieben Sie Ihr Talent

Ich mag die Vorstellung, dass alle Menschen ihr besonderes Talent
in sich tragen und etwas daraus machen können, was auch immer
das sein kann. Ich genieße die Augenblicke im Talentcafé, wenn
meinen Coachees schlagartig klar wird, wo ihre Talente liegen und
wie sie diese anderen Menschen schenken können. Aristoteles wird
zu diesem Thema ein wunderschöner Satz zugeschrieben: »Wo
deine Talente und die Bedürfnisse der Welt sich kreuzen, dort liegt
deine Berufung.«

Doch jetzt gehe ich wieder auf die Suche nach den Hintergrün-
den von Talent, Begabung, Berufung. Merkwürdigerweise finde
ich im Online-Angebot der Wochenzeitung *DIE ZEIT* ganz besonders viele Beiträge zu den Themen *Begabung* und, offenbar noch
wichtiger, *Hochbegabung*.

Unter der Überschrift *Schlau, schlauer, gefeuert* zum Beispiel lernen wir von Coach Heinz-Detlef Scheer, dass besonders begabte Menschen »permanent neue Interessengebiete entdecken und keine Strategie haben, welches sie nun verfolgen sollen und welches nicht«. Sie fingen fünf oder sechs Ausbildungen an, um vielleicht zwei zu beenden. Kaum hätten sie Ahnung auf einem Gebiet, sei es ihnen schon wieder zu langweilig: »Mehrere Jobs gleichzeitig, davon zumindest einer in einer Selbstständigenposition, das ist bei Hochbegabten eine typische Berufssituation.« (Zeit-Online Beruf vom 28. Mai 2010)

Begabung ist mehr als Intelligenz

Als hochbegabt gelten Menschen, deren IQ-Testergebnisse einen Wert erreichen, der von höchstens 2,2 Prozent ihrer Mitmenschen ebenfalls erreicht oder übertroffen wird. Auf der in Deutschland verwendeten Skala liegt dieser Grenzwert bei einem IQ-Wert von 130. Warum es mehr oder weniger begabte Menschen gibt, darüber herrscht in der Forschung kein Konsens. Man geht jedoch von einer Kombination aus genetischen Einflüssen und dem sozialen Umfeld aus.

Das erklärt mir nun überhaupt nicht, warum der eine so gut im IQ-Test abschneidet und der andere nicht, obwohl beide theoretisch einen gleich starken Genius haben könnten. Wie aussagekräftig ist so ein IQ-Test? Gibt es so etwas wie Begabung oder gar Hochbegabung überhaupt? Was ist mit meinem wunderbaren Genius? Ist er Realität? Oder doch nur ein Konstrukt?

Das frage ich eine Expertin, die sich auf die Themen Hochbegabung und Hochsensibilität spezialisiert hat: Anne Heintze.

Interview: »In jedem Menschen steckt ein Genius«

Anne Heintze bietet »Coaching für außergewöhnliche Menschen«, insbesondere für »Hochbegabte« und »Hochsensible« an. Sie ist überzeugt: »Wo deine Gaben sind, sind auch deine Aufgaben.« Sie lebt und arbeitet in Waldorf bei Frankfurt.

Beate Westphal: *Frau Heintze, ich habe den Hinweis gefunden, dass die Römer glaubten, jeder Mensch habe einen eigenen, schöpferischen Genius. Zeitgenössische Forscher halten Begabung für ein Konstrukt. Was denn nun?*

Anne Heintze: Natürlich ist Begabung ein Konstrukt, *und* jeder Mensch hat einen eigenen schöpferischen Genius. Eine der Bedeutungen von Genius ist ja »Ausdruck der Persönlichkeit«, und diese hat jeder Mensch. Was Begabung und Hochbegabung bedeuten, definiert jeder Experte aus den verschiedenen Disziplinen unterschiedlich. Wichtig ist es, Hochbegabung von Hochintelligenz und auch von Hochleistung zu unterscheiden. Eine sehr gute Begabung ist eine Leistungsdisposition, die ganz unterschiedlich ausfallen kann, zum Beispiel künstlerisch oder technisch oder sportlich. Ein IQ-Test bildet diese Begabungen übrigens nicht ab! Ich bin also überzeugt davon, dass in jedem Menschen ein Genius steckt. Die meisten kennen ihn aber nicht, nutzen ihn daher auch nicht, und dann verkümmert er wie ein Muskel, der nicht trainiert wird.

Beate Westphal: *Wie zeigt sich denn der eigene Genius?*
Anne Heintze: Er lässt sich nur finden, indem man verschiedene Dinge ausprobiert, seine kindliche Neugier bewahrt, indem man spielt und einfach schaut, woran man Spaß hat.

Beate Westphal: *So, wie Kinder es tun?*
Anne Heintze: Ja. Wenn man sie lässt!

Beate Westphal: *Was passiert, wenn ich meinen Genius ignoriere?*
Anne Heintze: Nach meiner Erfahrung will das innerste Potenzial eines Menschen, seine Persönlichkeit, seine Seele, seine Begabungen und Sehnsüchte unbedingt gelebt werden. Wenn es dafür keine Möglichkeit gibt, entsteht starker psychischer Druck, der

chronisch unzufrieden und im schlimmsten Fall psychisch oder/ und physisch krank machen kann. 90 Prozent meiner Klienten sind durch eine depressive Phase gegangen, kennen andere psychische Erkrankungen, erlitten ein Burn-out, kennen Schlaf- oder Hormonstörungen, haben Allergien oder Nahrungsmittelunverträglichkeiten oder haben bereits eine Therapie hinter sich.

Beate Westphal: *Was kann ich tun, wenn ich Angst vor dem Potenzial meines eigenen Talents habe?*
Anne Heintze: Eine gute Möglichkeit ist es, die Angst durch Tun zu überwinden. Man muss ja nicht gleich allen zeigen, was man gut kann, man darf auch da zurückhaltend und vorsichtig sein. Eine gute Möglichkeit ist es, zunächst im »stillen Kämmerlein« zu üben, bis man sich mit seinem Talent auch nach außen zeigt.

Beate Westphal: *Das klingt ja wie ein Outing!*
Anne Heintze: Ja, so ist es ein bisschen. Manche Hochbegabte fürchten sich auch davor, nach ihrem »Outing« ständig als Experte für ein Fachgebiet gefragt zu werden und dann ganz schnell in eine langweilige Routine hineinzurutschen. Deshalb sagen sie lieber gar nichts von ihrer Expertise. Viele Hochbegabte haben auch mit ihrem eigenen Perfektionismus und Erwartungsdruck zu kämpfen. Sie vergleichen sich selbst mit anderen und sehen dann: Immer gibt es jemanden, der besser ist! Es macht ihnen das Leben sehr viel leichter, wenn sie lernen, fünf auch mal gerade sein zu lassen.

Beate Westphal: *Was raten Sie denn Menschen mit überschießenden Ideen und Potenzialen, die sich in ihrem Job schnell langweilen?*
Anne Heintze: Da gibt es viele Möglichkeiten. Eine meiner liebsten ist folgende: Ich nehme einen Zettel und schreibe vier Zahlen darauf:

- 8760
- 2920
- 1760
- 4080

Meine Klienten fangen dann an zu grübeln, was es mit diesen Zahlen auf sich hat. Die Lösung ist ganz einfach: 8 760 Stunden hat das Jahr, davon schlafen wir 2 920 Stunden, 1 760 Stunden arbeiten wir, und 4 080 Stunden bleiben übrig. Wer weniger als 40 Stunden in der Woche arbeitet und auch weniger als acht Stunden pro Nacht schläft, hat sogar noch mehr Stunden zur freien Verfügung. So zeigt sich: Ideen und Potenziale, die sehr weit auseinander liegen, müssen gar nicht in 1 760 Stunden Arbeitszeit gequetscht werden. Der Arbeitsplatz ist nicht der einzige Ort, an dem man sich selbst verwirklichen kann. Das Überfrachten der Arbeitszeit als einzige Möglichkeit der Potenzialentfaltung ist Unsinn. Jeder hat genug Zeit, sein Standbein und sein Spielbein zu nutzen, also mehrere Interessen zu verfolgen: Job, Ehrenamt, Hobby, Weiterbildung, Kunst ... Bei vielen Menschen reicht diese Erkenntnis schon aus. Sie entspannen sich sofort und sehen plötzlich viele Möglichkeiten für ihr eigenes Leben.

Beate Westphal: *Auch diejenigen, die es in ihrem aktuellen Job gar nicht mehr aushalten?*

Anne Heintze: Ja! Denn die Blickrichtung verschiebt sich und die Gewichtung des Jobs ebenso. Bei manchen Menschen, die am liebsten sofort kündigen würden, ist es zudem hilfreich, wenn sie den Lohn für ihren Brotjob als Schmerzensgeld ansehen. Viele beschließen dann, diesen Job noch eine Zeit lang zu behalten und parallel dazu eine Alternative aufzubauen. Sie bewerben sich auf andere Stellen, und oft machen sich hochbegabte Menschen auch selbstständig.

Beate Westphal: *Kommen in Ihre Praxis viele Menschen, die mehrere Jobs haben?*

Anne Heintze: Die meisten haben einen Hauptjob und sehr viele andere Interessen, die sie zum Beispiel in einem Verein, einem Ehrenamt oder durch Fort- und Weiterbildung verwirklichen. Dass aus einem Hobby der Beruf und der Beruf zum Hobby wird und dass es viele Jobwechsel gibt, kommt häufig vor.

Beate Westphal: *Wie können sich Menschen, die vielleicht mehrere ganz unterschiedliche Fächer studiert haben und schon viele Jobs hatten, in Vorstellungsgesprächen präsentieren? Viele Personaler suchen ja immer noch nach dem »geradlinigen Lebenslauf«?*

Anne Heintze: Tatsächlich habe ich jedes Jahr 30 bis 40 Klienten, die genau mit dieser Fragestellung zu mir kommen. Ich rate ihnen, das trotzdem aus ihrem Kopf zu streichen. Sie sind für das Unternehmen nicht interessant, *obwohl* sie so breit aufgestellt sind, sondern *weil* sie es sind. Sie haben gute Chancen, sich als Generalisten zu präsentieren und dies als Besonderheit herauszustellen. Am besten sagen sie: »Ich habe meinen Lebenslauf bewusst so gestaltet!« Sonst glauben die Personaler, sie seien in Umwege hineingeschliddert. Die Erfahrung zeigt allerdings, dass Personaler, die sehr stark auf den »geraden Lebenslauf« fixiert sind, in Unternehmen arbeiten, in denen Hochbegabte ohnehin nicht glücklich werden.

Der große Talententest

Wie sieht es nun konkret aus? Welche Begabungen haben Sie? Auf welche Weise wird Ihr Genius schöpferisch? Mit welchen Menschen entfalten Sie sich am besten? Und wo könnten Sie leben und arbeiten, um zur vollen Blüte zu kommen?

Im Talentcafé haben wir uns viele Gedanken darüber gemacht, wie Sie das am besten herausfinden können. Wir sind mit der Diplom Psychologin und Autorin Andrea Brackmann (ihre lesenswerten Bücher: *Jenseits der Norm* und *Ganz normal hochbegabt*) völlig einig: Eine hohe Begabung kommt nicht dadurch zustande, dass bei einem Menschen besonders viele Fähigkeiten *anwesend*, sondern dadurch, dass besonders viele hemmende Funktionen *abwesend* sind. Alle Menschen können potenziell herausragende Leistungen erbringen, wenn sie nur die Kraft und den Mut aufbringen könnten, ihre eigenen Ängste, ihre Gewohnheiten, Hemmungen und selbst gesetzten Beschränkungen aufzugeben, um endlich zu ihren eigenen Talenten und Potenzialen durchzudringen – und diese auszuleben.

Mit Hemmungen sind zum Beispiel Traditionen gemeint. Wenn in der Familie oder im Ort noch nie jemand Cellist, Polarforscher oder Riesentrampolinspringer war, dann ist es nicht so leicht, diesen Weg als Erster einzuschlagen.

Möglich wird das aber, wenn jemand unser Talent entdeckt. Das kann ein Lehrer sein, ein Trainer, manchmal auch ein Freund, der eigene Vater oder die eigene Mutter. Von vielen berühmten Menschen kennen wir die wichtigsten Mentoren. Türöffner, ohne die die einzigartige Karriere als Musiker, als Forscher oder Politiker niemals gelungen wäre.

Das Talentcafé als Zukunftswerkstatt

»Du, Beate, ich bin richtig froh, dass ich in dieser merkwürdigen Zeit jemanden habe, mit dem ich über meinen Richtungswechsel im Job reden kann«, gesteht mir Paula im Talentcafé. »Es ist gar nicht so einfach, das hinzukriegen. Letztendlich muss ich ja nicht meine U-Bahn-Verbindung zu meinem Arbeitsplatz ändern, sondern mich selbst! So eine Jobentscheidung hat eine ganz schön große Tragweite!« »Das stimmt«, beruhige ich Paula. »Aber keine Angst: Es macht ja nicht ›Peng!‹ und schon bist du ein anderer Mensch. Du wächst langsam in dein neues Leben hinein. Eine Raupe verpuppt sich auch erst einmal und wächst ganz in Ruhe im Schutz ihres Kokons, bevor sie als Schmetterling in ihr neues Leben startet. Das Talentcafé ist wie eine schöne *Werkstatt der Schmetterlinge*, aber tatsächlich hätte das auch eine Freundin oder jemand aus deiner Familie tun können. Jeder kann in die Rolle eines Traumjobdetektivs schlüpfen, wenn er den Arbeitsmarkt einigermaßen kennt und wenn er es schafft, ganz klar aus deiner Perspektive zu entwickeln, was gut für dich ist.« »Was meinst du denn damit?« »Nun, dein Partner oder deine Mutter haben vielleicht immer auch im Hinterkopf, welche Entwicklung auch gut für sie selbst ist – schließlich lebst du in engem Kontakt zu beiden.«

Lassen auch Sie sich auf Ihrem Weg zu Ihrem Traumjob-Patchwork-Leben den Rücken stärken – und profitieren Sie von den Kontakten, über die ein guter Mentor oft verfügt.

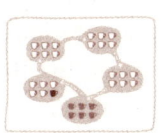

Kaffeepause
Wer könnte mich unterstützen?

Suchen Sie sich einen persönlichen Mentor, sprechen Sie ihn an und bitten Sie diesen Menschen, Ihnen bei der Suche nach Ihrem Traumjob-Patchwork-Muster beizustehen. Wer kann Ihnen auf Ihrem Weg zu Ihrem Traumjob-Patchwork-Leben zur Seite stehen?

1. _____

_____

2. _____

_____

3. _____

_____

Poster für Ihr Brainstorming

Wenn Sie einen Mentor gefunden haben, können Sie sich ins Abenteuer stürzen: Entdecken Sie Ihre Talente! Um Sie dabei zu unterstützen, haben wir drei Poster entworfen. Sie sind als Brainstorming-Hilfe gedacht. Und Sie werden drei Mal Ihren Lebenslauf schreiben – und zwar aus drei verschiedenen Perspektiven.

Zuerst werten Sie Ihre Biografie aus, und zwar im Hinblick auf Ihren eigenen Genius beziehungsweise auf Ihre Lieblingstalente (1), auf den Genius Ihrer Lieblingsmenschen (2) und auf den Genius Ihrer Lieblingsorte (3).

Sie fangen bei Ihrer Geburt an und gehen Schritt für Schritt bis zum heutigen Tag. Wie groß die Schritte sind, können Sie selbst bestimmen. Manche Menschen orientieren sich an typischen Wendepunkten wie Schulabschluss, Berufsstart oder Berufswechsel und Familiengründung. Andere mögen 7-Jahres-Schritte. Job-Patchwork-Sucher jenseits der 40 gehen manchmal auch 20-Jahres-Schritte: Bis 20 Jahre waren sie jung und in Ausbildung, bis 40 haben sie den Berufsstart, oft eine Familiengründung und einen Hausbau erlebt, bis 60 geben sie nochmal neu, konzentrierter und intensiver Gas, von 60 bis 80 lassen sie es dann ein wenig langsamer angehen, von 80 bis 100 entsprechend noch gemütlicher. »Bis 100 Jahre? Ist das nicht ein bisschen übertrieben?«, finden Sie? Überhaupt nicht. Es gibt erstaunlich viele Unternehmer und Politiker, Autoren und Künstler, Berater und Ehrenämtler, die mit 80 Jahren noch lange nicht Schluss machen.

Für jeden Ihrer drei Lebensläufe versuchen Sie, ein Muster zu finden, das typisch für Sie ist. Dann lassen Sie sich von den drei Postern inspirieren und notieren ganz unten, welche Begriffe am besten zu Ihnen passen. So entstehen dann Ihre Wortmuster, aus denen Sie schließlich Ihr eigenes Job-Patchwork zusammenstellen können.

Hält dieses Muster dann Ihr Leben lang? Nein. Und das ist gut so. Denn Sie verändern sich immer wieder, und deshalb verändert sich auch das Jobmuster, das jeweils zu Ihrem Lebensabschnitt passt. Es ist ganz wichtig, immer wieder einen Schritt zurückzutreten und zu schauen: Passt meine Job-Patchwork-Decke noch, oder brauche ich eine neue?

Einerseits sind wir so die Mühe der Suche nie ganz los. Andererseits aber haben wir so ein ganzes Leben lang die Chance, beweglich und kreativ zu sein und immer wieder auf unsere eigenen Wünsche und Bedürfnisse einzugehen. Wir müssen uns nur immer wieder auf unsere *Talente* und *Interessen* besinnen, auch wenn wir *Kompetenzen* in ganz anderen Bereichen erworben haben.

Talente

Ihre Talente erkennen Sie am leichtesten daran, dass Ihnen bestimmte Tätigkeiten Spaß machen, leichtfallen und Sie gute Ergebnisse erzielen. Vielleicht sind Sie ein Zahlentalent? Dann hatten Sie in Mathematik wahrscheinlich gute Noten und haben bis heute sogar Spaß an Ihrer Steuererklärung. Oder Sie sind ein Sprachtalent? Dann hatten Sie gute Noten in Deutsch und Fremdsprachen, haben später freiwillig noch weitere Sprachen gelernt, Sie lesen und schreiben gerne. Oder Sie sind ein Musiktalent? Dann haben Sie vielleicht schon zu Schulzeiten in einer Band gespielt und tun dies noch heute.

Kompetenzen

Unter Kompetenzen fallen Fachkompetenzen – zum Beispiel, dass Sie bestimmte Rechenoperationen beherrschen. Oder Methodenkompetenzen – Sie wissen zum Beispiel, wie man ein Projekt organisiert. Oder Führungskompetenzen – Sie können andere Menschen anleiten.

Der feine Unterschied

Talente, Interessen und Kompetenzen sind nicht das Gleiche. Manches fällt Ihnen zwar leicht (Talent), es fasziniert Sie (Interesse) *und* Sie beherrschen es (Kompetenz). Aber das muss nicht so sein. Stellen Sie sich vor, Sie haben vernünftigerweise Volkswirtschaft studiert, obwohl Sie das nicht wirklich interessiert. Dann haben Sie hier Kompetenzen, aber kein Interesse und wahrscheinlich auch kein Talent.

Oder Sie mögen Klaviermusik, interessieren sich also sehr dafür, haben aber zwei linke Hände auf den Tasten. Hier sind Sie höchstens ein talentierter Hörer, haben aber kein Talent und keine Kompetenzen als Pianist. Dann gibt es noch den Fall, dass Sie Talente haben, die Sie nicht nutzen, weil Ihnen die Zeit oder das Geld oder der Ort oder Sparringspartner oder alle Faktoren gleichzeitig fehlen.

Woher Ihre Talente kommen

Talente zeigen sich bei bestimmten biografischen Herausforderungen. Interessen können entstehen durch Themen oder Konflikte, mit denen wir konfrontiert werden. So entsteht dann auch die Notwendigkeit oder die Lust, Kompetenzen zu erwerben. Eine große Frage ist also immer: Wie schaffe ich es, das zu tun, was ich wirklich, wirklich selbst möchte, und zwar an einem Ort, der für mich richtig ist, und mit den passenden Menschen? Ich habe viele Jahre gebraucht, um diese Nuss zu knacken. Jetzt sind Sie dran! Sie können es schaffen, vielleicht viel schneller als ich!

Brainstorming: Auf der Suche nach Ihren Talenten

Auf Seite 81 sehen Sie das Talenteposter, mit dem wir im Talentcafé arbeiten. Nutzen Sie es als Hilfe für Ihre Assoziationen, lassen Sie sich von den Begriffen inspirieren. Wenn Sie finden, dass andere Worte zu Ihnen und Ihren Talenten viel besser passen, dann wählen Sie natürlich diese aus. Wenn Sie mögen, können Sie schon jetzt fünf Begriffe markieren. Wir kommen später darauf zurück.

Das Chaos sortieren

»Und wie soll ich nun bei meinen merkwürdig verteilten Talenten jemals durchblicken?«, wirft Paula ein. »Talent habe ich für Musik, soweit ist mir das schon klar. Seit ich fünf Jahre alt bin, habe ich Musik gemacht. Seit der neunten Klasse habe ich in Bands gespielt – unterbrochen nur durch die Zeit meiner Ausbildung. Eigentlich sehr merkwürdig: eine Geigenbauerin, die keine Zeit zum musizieren findet. Seit ich bei der Werbeagentur arbeite, habe ich wieder keine Zeit für Musik. Talent habe ich aber auch für Mathematik, das zog sich durch meine ganze Schulzeit. Es fiel mir auch ziemlich leicht, mich in meiner Freizeit in Kompositionsprogramme einzuarbeiten, und später in meinen Praktika bei einem Tontechniker und einem Fotografen, technische und auch gestalterische Probleme zu lösen. Seit meinem ersten Praktikum in der Werbeagentur, bei der ich jetzt fest arbeite, programmiere ich Homepages und bearbeite Fotos am Computer. Alles kein Problem für mich – und wenn ich das so sage, komme ich mir vor wie eine Angeberin ... aber es stimmt! Und leider muss ich auch noch weiter angeben. Denn in meiner Ausbildung als Geigenbauerin zeigte sich dann, dass ich auch handwerklich begabt bin.

Zu meinen Kompetenzen zählt dann wohl auch alles, was ich an der Uni in meinen Fächern Germanistik, Philosophie und Kunstgeschichte gelernt habe – analysieren, recherchieren, beschreiben, auswerten –, auch wenn ich das im Moment nicht brauchen kann. Ich kann wirklich gut schreiben! Und eine gute Lehrerin bin ich wohl auch, obwohl ich diesen Aspekt an mir selbst nicht so gerne mag. Vielleicht, weil meine Mutter ihn so toll findet. Jedenfalls habe ich schon als Schülerin Nachhilfeunterricht gegeben, in der Uni war ich dann als Tutorin tätig. Das hat mir viel Spaß gemacht!

Interessiert habe ich mich immer für ganz viele Dinge gleichzeitig. Das Thema Musik zieht sich dabei durch mein Leben, auch wenn ich das nicht studiert habe. Dann sind immer mehr Medien dazugekommen: Zeitschriften, das Internet. Kunst und Fotografie interessieren mich aber auch, und Philosophie, und – mmh ...«

»Na komm, wir sortieren das Chaos«, schlage ich vor. »Erster Schritt: Entwerfe deinen Lieblingstalente-Lebenslauf. Wie gesagt: Anders als in einem gewöhnlichen Lebenslauf geht es hier nicht nur um deine Kompetenzen, sondern um deine Begabungen und Interessen.«

»Im nächsten Schritt schaust du dir noch einmal deinen Lebenslauf an und dann das Talenteposter. Am besten, du wählst drei bis fünf Begriffe aus. Die brauchst du dann später, um dein persönliches Job-Patchwork zu entwickeln.« Paula denkt nach und wählt fünf Begriffe.

Ergebnis Poster-Test

Nun hatten Sie die Möglichkeit, Paula bei der Suche nach ihrem Genius über die Schulter zu schauen. Jetzt sind Sie dran. Nur Mut!

 **Kaffeepause** 8

Meine Talente, mein Genius:
Worin bin ich begabt?

Schreiben Sie auf, in welchen Lebensphasen Sie was begeistert getan und gelernt haben. Wählen Sie dann aus dem Poster auf

Seite 81 die für Sie passenden Begriffe aus (am besten drei bis
fünf), um Ihre Begabung auf den Punkt zu bringen.
Es hat sich bewährt, diese drei bis fünf Begriffe auf Post-its zu
schreiben. Diese können Sie dann später abziehen und als Patch-
work-Musterstücke so lange arrangieren, bis Ihre persönliche
Multijoblösung erscheint.

Lebensphasen	Lieblingstalente-Lebenslauf
(nach Stationen oder in 7 / 10 / 20-Jahres-Schritten – was immer zu Ihrem Leben passt)	
Ergebnis Talente-Poster	

Geschafft? Wunderbar. Lassen Sie die Post-its zunächst einmal an
dieser Stelle. Wir kommen später darauf zurück.

Erkennen Sie Ihre Lieblingsmenschen

Nachdem wir nun Ihren individuellen Genius kennengelernt haben, schauen wir aus einer größeren Perspektive auf Ihr Leben. Mit welchen Menschen fühlen Sie sich wohl? Welcher Teamspirit tut Ihnen gut? Doch zuvor müssen wir noch etwas verstehen: Wie genau kann es überhaupt zu einem kollektiven Genius kommen? Einen Erklärungsansatz liefern die Milieustudien des Heidelberger Sozialforschungsinstituts *Sinus Sociovision*.

Herkunft verbindet

Seit rund 30 Jahren nimmt das Sinus-Institut die Lebenswelten der Deutschen regelmäßig unter die Lupe. Sozialforscher werten Fragebögen und Fotos aus und entwerfen dann immer wieder aktuell eine Übersicht der wichtigsten gesellschaftlichen Milieus. Dabei unterscheiden sie zwischen bestimmten Grundorientierungen: Auf der einen Seite stehen die gesellschaftlichen Milieus, für die Tradition eine große Rolle spielt (»Festhalten«, »Bewahren«). Auf der anderen Seite sind die Milieus angesiedelt, in denen Menschen sich gerne verändern, Neues ausprobieren (»Grenzen überwinden«). Diese Befunde werden dann noch kombiniert mit dem typischen Jahreseinkommen der Befragten. So ergibt sich ein Modell, in dem sich zum Beispiel links unten das »traditionelle« Milieu befindet (wenig veränderungsbereite Unter- und Mittelschicht) und rechts oben das Milieu der »Performer« (hoch veränderungsbereite Oberschicht).

Die Römer hätten es so nie formuliert, weil sie eher im Format »Sippe«, also »Großfamilie« dachten und weniger in sozialen Milieus. Wir können, denke ich, dennoch davon ausgehen, dass es so etwas wie einen Milieugenius gibt.

- Beispiel *konservativ-etabliertes Milieu*: Hier ist das Establishment zu Hause, es zählen Erfolg, Verantwortungsbewusstsein,

Exklusivität. Die Schöpferkraft des Genius bringt hier am ehesten hochpreisige Sportwagen, Edelküchen oder Finanzprodukte hervor. Vertreter dieses Milieus erkennen sich an einer gewissen Parkettsicherheit, an ihrem hohen Bildungsniveau, an der Schweizer Uhr und am rahmengenähten Schuh.

• Anderes Beispiel: Treffen sich zufällig Vertreter des *liberal-intellektuellen Milieus*, teilen sie wahrscheinlich die liberale Grundhaltung, die Freude an gut geschnittenen Rollkragenpullovern und an feinem Humor. Die Schöpferkraft dieses Milieugenius blüht dann auf, wenn es um die Produktion geisteswissenschaftlicher Fachartikel, um Jazz oder Oper, um den Entwurf futuristischer Büroetagen, neue Car-Sharing-Systeme oder Kulturstiftungen geht.

Werte bilden die gemeinsame Basis

Was die Milieus im Innersten zusammenhält, sind ein gemeinsamer Habitus und Lebensstil: Wie man sich kleidet, sich bewegt, wie man spricht und miteinander umgeht, was man isst, welche Musik man bevorzugt, wohin man in Urlaub fährt, auf welche Schulen man die Kinder schickt. Dahinter – und das ist jetzt der springende Punkt – stehen gemeinsame Werte.

Gemeinsame Werte tragen eine Gemeinschaft, und das ist gut so. Problematisch aber ist, bemerkt Roman Krznaric in seinem Buch *Wie man die richtige Arbeit für sich findet,* »dass wir in der Regel nur selten mit Menschen in Berührung kommen, die die Welt ganz anders sehen als wir« (Krznaric 2012, S. 127).

Eine Familie, ein Team, ein ganzes Unternehmen, das sich auf die gleichen Werte eingeschworen hat, ist »beseelt« von einem einzigen Genius. Das klingt ein wenig esoterisch – im Grunde ist es aber ganz logisch: Aus Unternehmen wissen wir zum Beispiel, dass die besten neuen Mitarbeiter nicht die sind, deren Zeugnisse am meisten glänzen. Sondern diejenigen, die auf der Werteebene am besten passen. Und aus Familienunternehmen ist bekannt, dass diese besonders lange bestehen können, wenn sich alle Beteiligten mit dem Geist des Gründers identifizieren und die Firma in dessen Sinne führen.

Im Unternehmenskontext sind folgende Werte relevant:

- Teamgeist,
- Zuverlässigkeit,
- Aufrichtigkeit,
- Disziplin,
- Treue,
- Pünktlichkeit,
- Ordnung.

Wenn wir genau hinschauen, handelt es sich bei diesen Begriffen gar nicht um Werte, sondern um Tugenden. Um *preußische Tugenden* oder *Sekundärtugenden*. Sie sind den primären Tugenden nachgeordnet, weil sie zwar dabei helfen können, Gutes zu tun, genauso aber dazu führen, dass etwas moralisch Bedenkliches effizient ausgeführt wird. Pünktlichkeit zum Beispiel macht ein Unternehmen effizient, das seine Mitarbeiter vorbildlich behandelt und nachhaltig wirtschaftet, es macht aber auch eine Halsabschneider-Firma erfolgreich.

Primärtugenden dagegen bringen das Gute im Menschen zum Vorschein. Nach Platon zählen dazu

- Weisheit,
- Tapferkeit,
- Besonnenheit und
- Gerechtigkeit.

In dem kleinen roten Band *Ermutigung zum unzeitgemäßen Leben: Ein kleines Brevier der Tugenden und Werte* des französischen Philosophen André Comte-Sponville finde ich, dass diese Tugenden vor allem dann wirksam werden, wenn sie gemeinsam auftreten (Tapferkeit wird ohne Weisheit zur Tollkühnheit). Der Philosoph schlägt übrigens eine Brücke zu dem, was ich mir unter unserem

Genius vorstelle. Er schreibt: »Tugend im allgemeinen Sinn ist Kraft, und im besonderen Sinne: menschliche Kraft oder Menschlichkeitskraft.« Der Schritt zu »Schöpfungskraft« ist klein.

Wie komme ich nun aber zu den Werten? Mir fällt eine ganz einfache Systematik des österreichischen Psychologen Viktor E. Frankl ein, die er in seinem Buch *Ärztliche Seelsorge* vorgestellt hat. Er unterscheidet:

- *schöpferische Werte*, weil wir den Sinn in unserem Leben zumeist entlang unseres Tuns definieren. Dazu zählen zum Beispiel Kreativität und Präzision,
- *Erlebniswerte*, weil Werte wie Gemeinschaft oder Freude im Erleben verwirklicht werden, und außerdem
- *Einstellungswerte*, die sich dann zeigen, wenn ein Mensch eine Herausforderung zu meistern oder ein Schicksal zu tragen hat. Hier sehe ich Werte wie Freiheit, Gerechtigkeit, Mut, Durchhaltevermögen, Klugheit oder Aufrichtigkeit.

Merkwürdigerweise kommen die Werte damit ganz in die Nähe der Grundmotive des Menschen, die Hans-Georg Häusel in seiner *Limbic Map* beschrieben hat: Er geht von drei Grundmotiven aus:

- Balance,
- Stimulanz,
- Dominanz.

Zwischen diesen Motiven stehen

- Disziplin (zwischen Balance und Dominanz),
- Genuss (zwischen Balance und Stimulanz),
- Abenteuer (zwischen Stimulanz und Dominanz).

So entsteht eine Folie, auf der sich alle menschlichen Motive unterbringen lassen. Sparsamkeit, Ordnung und Fleiß stehen bei Disziplin. Schönheit und Wohlbefinden bei Genuss. Status und Expertise bei Dominanz. Kreativität und Innovation bei Stimulanz. Diese Motive sind im Grunde nichts anderes als Tugenden und Werte.

Brainstorming: Auf der Suche nach Ihren Werten

Im Talentcafé haben wir ein großes Poster mit 42 Begriffen entwickelt, auf dem wir Primärtugenden, Sekundärtugenden, Werte und Motive unter dem Oberbegriff Werte zusammengefasst haben (siehe folgende Abbildung).

Sie können nun mit Hilfe dieses Plakats herausfinden, welche Werte Ihnen besonders wichtig sind. (Ich empfehle die Auswahl von etwa fünf Begriffen.) Dann können Sie im Geiste Ihre Freunde, Geschäftspartner, Teamkollegen und Chefs durchgehen und überlegen, welche Werte für diese Menschen am meisten zählen. Gibt es viele Übereinstimmungen, stehen die Chancen gut, dass sich ein starker Gemeinschaftsgenius entwickelt.

Lieben Sie Ihre Kunden!

Einen ähnlichen Gedanken formuliert Stefan Merath übrigens in seinem Buch *Die Kunst, seine Kunden zu lieben*. Ihm zufolge müssen Unternehmer ihre Kunden tatsächlich *lieben*, um erfolgreich zu sein. Er nennt sein Konzept Neurostrategie. Es funktioniert so:

- *Im ersten Schritt* arbeitet der Unternehmer sein eigenes *Grundmotiv* heraus. Beispiele: Bodyshop-Gründerin Anita Roddick wollte Kosmetik ohne Tierversuche, Henry Ford wollte Mobilität für alle und Bill Gates Computer für jeden.
- *Im zweiten Schritt* sucht er nach seinen *Lieblingskunden* oder Lieblingsmenschen. Diese stellen zusammen mit seinem Grundmotiv den Fixpunkt der unternehmerischen Strategie dar.
- *Erst dann* folgen die nähere Definition der Zielgruppe, der Innovation, der Positionierung und der Vision.

Ich finde, das ist ein faszinierender Gedanke. Die meisten setzen den Hebel ganz anders an: Sie suchen nach einer Marktnische

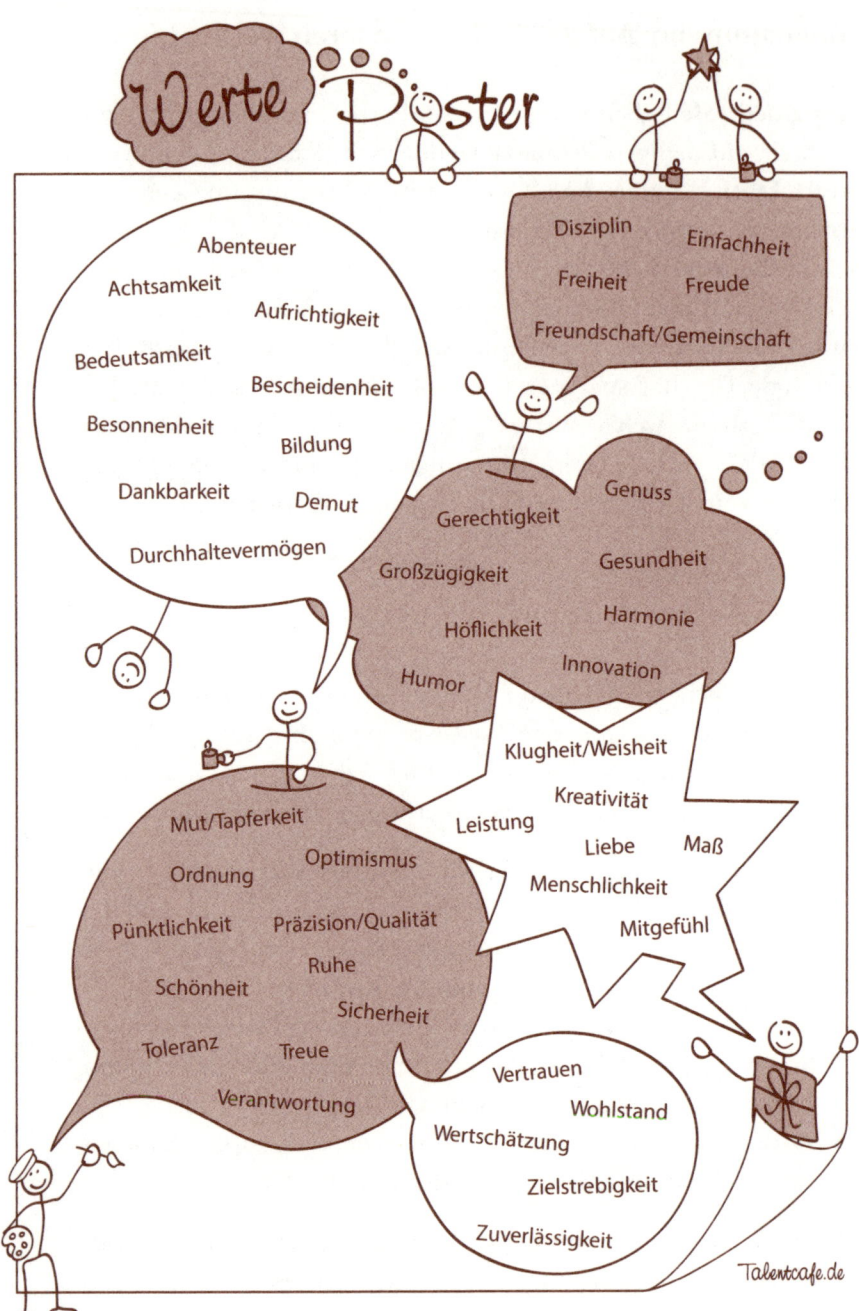

oder leiten ihre Geschäftsstrategie von ihrer eigenen Stärke ab. Merath aber setzt den Genius ins Zentrum erfolgreicher Unternehmensstrategien – den individuellen wie den kollektiven. Das ist der Fixpunkt. Die genaue Tätigkeit des Unternehmens dagegen ist seiner Vorstellung nach variabel!

Alte Freunde wiederfinden und neue entdecken

»Für wen und mit wem willst du eigentlich am liebsten arbeiten?«, frage ich Paula. »Mit welchen Menschen warst du und bist du heute am liebsten zusammen – und warum?« »Ganz früher war ich natürlich viel mit meiner Familie und meinen Freunden zusammen, auch gerne mit meinen Nachhilfeschülern. Im Gymnasium kam  dann die Band dazu. Meine Bandfreunde waren das Wichtigste in meinem Leben! In der Uni-Zeit hatte ich auch einen tollen Freundeskreis. Ich mochte viele Menschen auch gerne, die ich in den Praktika und in den Nebenjobs kennengelernt habe: Den Tontechniker, den Fotografen, die Redakteure der Musikzeitschrift, bei der ich mitarbeiten durfte, sogar die damaligen Kollegen in der Werbeagentur. Ich hatte das Gefühl, ich kann meine Lieblingsmenschen frei aussuchen! Das war in meiner Ausbildung zur Geigenbauerin und ist jetzt, wo ich so viel Zeit in der Werbeagentur verbringe, ganz anders. Ich bin von morgens bis abends mit Kollegen und Kunden zusammen, und leider auch mit meinem Chef. Die Menschen, die mir am wichtigsten sind, sehe ich praktisch überhaupt nicht mehr.« »Wer ist das?« »Musiker! Und die Fans dieser Musiker.« »Du meinst, deine eigenen Fans?« »Mmmh, ich glaube, das meine ich. Aber es geht mir gar nicht darum, angehimmelt zu werden. Es geht mir um den gemeinsamen Spaß an der Musik. Flow mit hundert Menschen – das ist durch nichts zu toppen!«

Paula nimmt den nächsten Lebenslauf zur Hand, um die Namen ihrer wichtigsten Lieblingsmenschen zu notieren.

Lebensphasen	Lieblingsmenschen-Lebenslauf
Fragen	Mit wem lebe ich? Für wen bin ich tätig? Welche Eigenschaften, Werte und Motive prägen diese Menschen?
Kindergarten / Grundschule	Familie, Freundinnen und Freunde
Gymnasium	Familie, Freunde, Band und Fans, Kinder als Nachhilfeschüler
Ausbildung und **Berufstätigkeit** Geigenbauerin	Familie, Freunde, Chef und Kollegen, Kunden
Studium der Germanistik, Philosophie und Kunstgeschichte **Praktika** Fotografie, Tontechnik, Musikzeitschrift, Werbeagentur **Werkverträge** Werbeagentur	Freunde, Studenten aus eigenen Tutorien, Band und Fans, Fotograf, Redakteure Musikzeitschrift, Tontechniker, Chef /Kollegen in der Werbeagentur
Job bei Werbeagentur	Partner, Freunde und deren Kinder, Chef und Kollegen, Kunden

Paula sucht wieder die Begriffe aus, die am besten zu ihren Eintragungen im Lebenslauf ihrer Beziehungen passen.

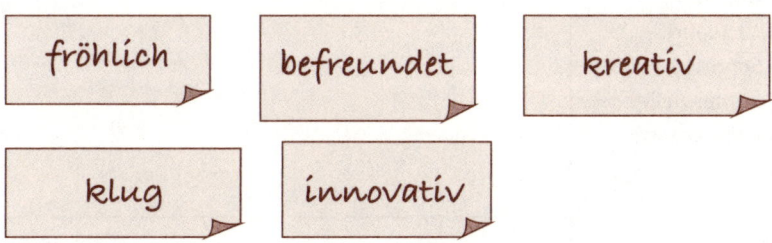

Wieder hatten Sie Gelegenheit, Paula bei der Suche nach ihren Lieblingsmenschen zu beobachten. Jetzt können Sie sich einen Stift und Post-its nehmen und sich selbst auf die Suche begeben.

 **Kaffeepause**

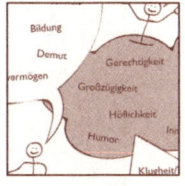

Meine Lieblingsmenschen:
Welche Werte sind mir wichtig?

Wie haben sich Ihre Beziehungen im Laufe Ihres Lebens entwickelt? Konzentrieren Sie sich auf die Menschen, mit denen Sie im Laufe Ihres Lebens gerne Zeit verbracht haben, mit denen und für die Sie gearbeitet haben. Wer waren diese Menschen? Und: Wie waren diese Menschen? Welche Begriffe aus dem Werte-Poster passen am besten zu Ihnen und zu Ihren Lieblingsmenschen?

Lebensphasen	Lieblingsmenschen-Lebenslauf
(nach Stationen oder in 7 / 10 / 20-Jahres-Schritten – was immer zu Ihrem Leben passt)	
Ergebnis Werte-Poster	

Haben Sie Ihre wichtigsten Werte? Und haben Sie das Gefühl, sie passen gar nicht zusammen? Das macht nichts. Es kommt gar nicht so selten vor, dass bekennende »Bauchmenschen« zugleich überzeugte Rationalisten sind.

Jetzt fehlt uns noch ein großes Themenfeld: der Genius Loci. Also die Frage nach unseren Lieblingsorten. In meinem ersten Buch hatte ich mich auch schon mit der *Umgebung* eines Menschen beschäftigt und gefragt: »Wo blühen Sie auf?« Jetzt möchte ich aber noch mehr über das *Warum* wissen. Warum inspiriert uns der eine Ort und der andere nicht?

Finden Sie Ihre Lieblingsorte

Die Frage nach dem Genius Loci ist nicht so einfach zu beantworten. Offenbar habe ich hier einen Begriff gefunden, der so wenig populär ist, dass er nur sporadisch beschrieben wird. Und zwar von Altertumsforschern, Philosophen, Architekten.

Der Geist eines Ortes – was ist das?

Ursprünglich hatten die Römer die Vorstellung, dass der Genius Loci immer schon in einem Ort »wohnt«, dass er aber erst dann zum Vorschein kommt und seine Kraft entfalten kann, wenn die Menschen den Ort *im Sinne dieses Genius* gestalten. Taten sie es nicht, verlor der Ort seine Kraft. Gelang es ihnen, sich mit dem Ortsgeist zu einigen, war die Voraussetzung für ein Leben in Glück und Wohlstand gegeben. Der existenzielle Zweck des Bauens bestand nach römischer Vorstellung also darin, so formuliert es der Genius-Loci-Experte Hans-Jörg Müller, »*aus einer Stelle einen Ort zu machen*, das heißt, den potenziell in einer gegebenen Umwelt vorhandenen Sinn aufzudecken.«

Diesen Effekt kennen wir von jedem privaten Umzug: Wir haben die Wohnungspläne gesehen, wir haben die Räume und unsere Möbel vermessen, vielleicht sogar ein Modell gebaut und Schränke, Tische und Betten aus Papier darin herumgeschoben. Nun stehen wir mit all unserem Hab und Gut in der neuen Wohnung und sehen: So funktioniert es nicht. Wir müssen uns auf die Eigenwilligkeit des neuen Ortes einstellen und versuchen, das Beste aus ihm selbst hervorzubringen. Wir müssen die Geschichte des Ortes zeigen, statt sie zuzudecken. Wir tun gut daran, unsere an Wohnmagazinen und Selbstbaumöbelkatalogen geschulte Vorstellung von Stil zurückzustellen und die Räume selbst – ihren Genius – zum Sprechen zu bringen.

»Wir wollen«, schreibt Alain de Botton in seinem Buch *Glück und Architektur*, »dass sie zu uns sprechen – dass sie uns sagen, was wir wichtig finden und woran wir erinnert werden sollten«. Botton ist überzeugt davon, dass sich in Gebäuden Wertvorstellungen verkörpern und dass sie uns dazu einladen, eine bestimmte Sorte Mensch zu sein. Gebäude vermitteln Haltung.

Wie sehr das funktioniert, zeigen uns interessanterweise die Orte, die Marc Augé als *Nicht-Orte* bezeichnet hat. Er meint damit zum Beispiel Orte, die für Passagen optimiert wurden: Schnellstraßen, Autobahnkreuze, Flughäfen, Bahnhöfe, Tiefgaragen, Parkhäuser. Er meint die Verkehrsmittel selbst (Flugzeuge, Busse, Züge, Autos) und Orte, die von Menschen nur vorrübergehend genutzt werden: Einkaufszentren und Supermärkte, moderne Stadthallen, sogar Flüchtlingslager. Solche Orte folgen oft einer globalen Ästhetik, die lokale Besonderheiten ignoriert und auf den Genius Loci pfeift. Soziale Beziehungen oder eine gemeinsame Geschichte spielen an Nicht-Orten keine Rolle.

Der digitalen Vernetzung zum Trotz: Wir lieben Orte!

Ich kenne niemanden, der auf die Frage nach dem Ort, an dem er sich durch und durch wohlfühlt, antwortete mit: »Die Tiefgarage.« Wir brauchen Orte mit starkem Genius Loci, um uns heimisch und verbunden zu fühlen. Wir brauchen Orte, die unsere Werte widerspiegeln.

Zwar sind wir heute vernetzt und theoretisch relativ unabhängig von Zeit und Raum unterwegs. Trotzdem gibt es Orte, an denen sich viele Kreative versammeln (Berlin) und Gegenden, wo sich Autobauer scharen (etwa in Süddeutschland).

Wir alle kennen pulsierende Orte. In Europa sind es Metropolen wie Berlin, Paris, Wien – und das schon seit der vorletzten Jahrhundertwende. In Wien zum Beispiel trafen sich seit den 1880er Jahren Künstler und Intellektuelle im Kaffeehaus. Einerseits, weil das Kaffeehaus (im Unterschied zu den oft erbärmlich ausgestatteten Privatwohnungen der Bohemiens) gemütlich und beheizt war. Und andererseits, weil hier andere Menschen zu treffen waren, die sich zu diesem Genius Loci hingezogen fühlten, die Gemeinschaft suchten, Gedankenaustausch mit Gleichgesinnten, im 19. Jahrhundert sicherlich auch die Gegenöffentlichkeit avantgardistischer Kreise. Heute ist der häufig belächelte »Cappuccino-Kapitalismus« zu einem Gesellschaftsphänomen geworden, so eine zentrale Aussage von Holm Friebe und Sascha Lobo: »Menschen sitzen mit ihren Laptops ganztägig im Café und nennen es Arbeit.«

Das Talentcafé sieht sich in genau dieser Tradition. Es möchte das Gegenteil von einem *Nicht-Ort* sein. Es hat eine lange Geschichte, es hat eine ganz eigentümliche Gegenwart, es gibt Menschen ein Zuhause, es stellt Verbindungen her. Das ist anders als bei Starbucks, dem US-amerikanischen Reimport des europäischen Kaffeehauses nach Europa. Etliche Cappuccino-Kapitalisten nutzen Starbucks-Kaffeehäuser als Büro, bleiben hier aber dennoch anonym und machen sich einen Spaß daraus, einen falschen, möglichst ausgefallenen Vornamen bei ihrer Kaffeebestellung zu nennen. Öffentlicher Raum wird zum vorübergehenden Büro. Ist der Genius Loci dieser künstlichen Gemütlichkeitsräume überhaupt authentisch? Oder sind Kaffeehausketten auch nur Nicht-Orte? Schwer zu sagen. Ich weiß nur, dass ich im Zweifelsfall lieber in ein alteingesessenes Berliner Café gehe als zu einer amerikanischen Kaffee-Kette.

Von Stefan Brönnle stammt übrigens die Idee, den Genius eines Ortes zu beschreiben, indem man den Ort mit einem Menschen vergleicht. Wer wäre also Ihr Lieblingsort, wenn er ein Mensch wäre? Natürlich ist die Antwort nicht einfach und klar, denn »der Charakter eines Orts ist wie der eines Menschen nicht schablonenhaft und leicht durchschaubar, sondern vielschichtig und lebendig«, schreibt Brönnle. Dazu kommt die subjektive Sicht auf den Ort: Ich bin es ja, die schaut. Ich nehme es wahr, wenn der Geist eines Ortes meinen eigenen Genius zum Ausdruck bringt. Oder umgekehrt, wenn er sich nicht mit meinem Genius verträgt.

Brainstorming: Was macht Ihre Lieblingsorte besonders?

Damit Sie Ihren Lieblingsort leicht finden können, haben wir im Talentcafé ein Poster (Seite 101) mit vielen Begriffen entworfen. Betrachten Sie unsere Sammlung wieder nur als Vorschlag und Anregung. Wenn Ihnen andere Worte zu Ihren Lieblingsorten einfallen, dann wählen Sie selbstverständlich Ihre eigenen.

»Ich liebe die Bühne!«

»Mit diesem Poster findest du heraus, welche Orte dich kreativ machen«, erkläre ich Paula. »Sind kreative Menschen nicht immer kreativ?«, wundert sie sich. »Dann könntest du also auch in einer Tiefgarage arbeiten?« »Nur, wenn es sein muss«, antwortet Paula schmunzelnd, und ich sehe gleich, dass sie verstanden hat, worauf ich hinauswill.

»Jetzt geht es weiter mit deinen Lieblingsorten«, sage ich. »Du hast bestimmt mehrere Lieblingsorte. Zum Beispiel deine Wohnung, also dein privates Geniusreich. Vielleicht findest du ja die Redaktion der Musikzeitschrift schön, in der du ein Praktikum gemacht hast. Oder du mochtest die Geigenbauwerkstatt. Dann hast du vielleicht öffentliche Lieblingsorte wie ein Café, ein Museum, eine Bibliothek oder eine bestimmte Parkbank.«

Paulas Augen beginnen zu leuchten. »Ja, ich weiß genau, was du meinst. Meine Wohnung passt ganz genau zu mir. Sie ist ziemlich groß und hell, ganz klar und einfach eingerichtet, ich habe ein riesiges Bücherregal und einen schönen Platz für meine Gitarre und meinen Notenständer. Ich mag auch die Redaktionsräume der Musikzeitschrift. Die Werbeagentur, in der ich jetzt arbeite, finde ich nicht so toll: Es ist ein großer, loftartiger Raum, der aber total ungemütlich ist und in dem man sich ständig durch den Chef beobachtet fühlt. Einen Lieblingsort in der Stadt habe ich auch: Das ist ein Weg am Fluss. Wenn ich da entlanggehe und ins Wasser schaue, kommen mir immer neue Gedanken. Außerdem war ich immer gerne mit meiner Band im Probenraum, auch wenn der unglaublich schäbig aussah. Und natürlich liebe ich die Bühne!«

»Ich habe noch nie darüber nachgedacht«, geht Paula ein Licht auf. »Aber es stimmt: Ich arbeite an bestimmten Orten gerne, andere Orte machen mich schläfrig und passiv, oder umgekehrt: nervös.« Sie bringt ihre Lieblingsorte auf die Begriffe, die auf Seite 102 zu sehen sind.

Lebensphasen	Lieblingsorte-Lebenslauf
Kindergarten / **Grundschule**	Reihenhaus in einer Kleinstadt, eigenes Zimmer, Kindergarten/Schule, Musikschule
Gymnasium	Schule, Probenraum, Bühne, Fluss
Ausbildung und **Berufstätigkeit** Geigenbauerin	Kleinstadt, eigenes Zimmer, Werkstatt
Studium der Germanistik, Philosophie und Kunstgeschichte **Praktika** Fotografie, Tontechnik, Musikzeitschrift, Werbeagentur **Werkverträge** Werbeagentur	Großstadt, WG, Unicampus, Cafés, Probenraum und Bühne, Tonstudio, Redaktion Musikzeitschrift, Werbeagentur
Job bei Werbeagentur	Großstadt, eigene Wohnung mit Partner, Werbeagentur

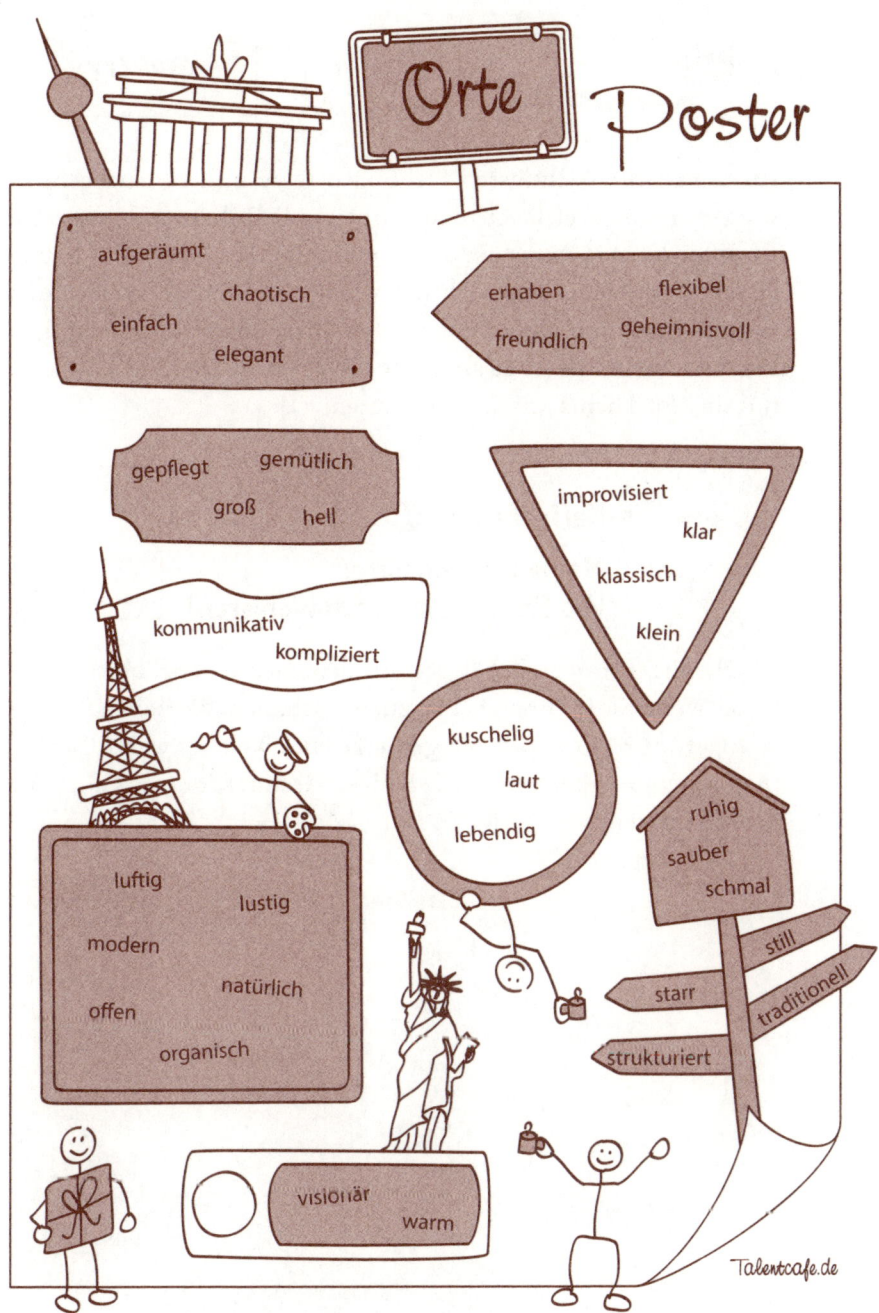

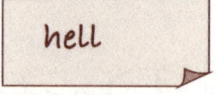

hell   **gemütlich**   **modern**

Paula hat ihre wichtigsten Lieblingsorte gefunden. Nun geht es wieder um Sie. Welche Orte tun Ihnen gut? Es kann sein, dass Sie für diese kleine Übung ein wenig mehr Zeit brauchen. Wir haben ja schon gesehen, dass sich die wenigsten Menschen über den Genius Loci, den Geist bestimmter Orte, überhaupt Gedanken machen. Vielleicht ist es auch für Sie das erste Mal, dass Sie sich mit diesem Thema auseinandersetzen.

 **Kaffeepause** 🔟

Meine Lieblingsorte:
Wo fühle ich mich am wohlsten?

Welche Erfahrungen haben Sie mit dem Genius Loci bestimmter Orte? Wenn Sie in Ihrem Leben zurückschauen: Wo haben Sie sich wohlgefühlt? Wo haben Sie gerne gelebt? Welches waren für Sie inspirierende Arbeitsorte? Wie hängen Architektur und Glück für Sie zusammen?

Lebensphasen	Lieblingsorte-Lebenslauf
(nach Stationen oder in 7 / 10 / 20-Jahres-Schritten – was immer zu Ihrem Leben passt)	
Ergebnis Werte-Poster	

Ich bin erstaunt, wie viele Menschen Theaterbühnen als besondere Orte für sich beschreiben. Das sind nicht nur Hobbygitarristen und Laienschauspieler. Auch Menschen, die noch nie auf einer Bühne gestanden haben, träumen sich an diesen Ort. Natürlich auch Menschen, die quasi auf der Bühne leben. Wie zum Beispiel Claudia, ihre Geschichte finden Sie im Anhang unter den Erfolgsgeschichten.

Ihr persönliches Job-Patchwork

Im nächsten Schritt geht es darum, aus dem eigenen Geniusmuster, aus dem Wertemuster der eigenen Lieblingsmenschen und aus der Struktur der Lieblingsorte ein passendes Job-Patchwork-Muster zu entwerfen.

Wortbilder verknüpfen

»Paula, wenn du dir nun deine Lebensläufe anschaust: Was glaubst du, welche Schlüsselbegriffe auf deiner Wunschliste für dein neues Job-Patchwork-Leben stehen sollten? Welche Talente möchtest du ausleben? Mit welchen Menschen möchtest du zusammensein? Und wo möchtest du leben und arbeiten?« Paula grübelt eine Weile.

»Mir fehlt *Musik*«, sagt sie dann. »Mir fehlt es, in einer Band zu singen und zu spielen. Mir fehlt es sogar auch, Menschen zu fotografieren. Darüber habe ich vorher noch gar nicht so viel erzählt, aber das durfte ich im Praktikum für die Musikzeitschrift tun. Musiker *fotografieren*. Du kannst nicht glauben, wie viel Spaß das macht! *Homepages gestalten* – das liebe ich wirklich auch. Da kann ich technisch tüfteln und gestalten.

Wenn ich an die Menschen denke, die mir fehlen, steht an erster Stelle die Band! Ich musste die Band aufgeben, weil ich so viel Arbeit in der Werbeagentur habe. Ich kann dir gar nicht sagen, wie sehr mir die Musikerfreunde, die gemeinsamen Proben im Probenraum und die Auftritte fehlen! Meinen Freunden ging es allerdings auch so. Alle hatten immer mehr mit ihrer Arbeit zu tun oder mit ihren Kindern, sodass die Band sich schließlich aufgelöst hat.« Aber ich möchte ja selbst auch Kinder haben, dabei weiß ich gar nicht, ob ich mit wilden Knirpsen umgehen kann. Vielleicht sollte ich meine Fähigkeiten mal mit Kindern ausprobieren, die ich mir ausleihe?« »Wie meinst du das denn?« »Ich könnte ja Musikunterricht für kleine Kinder geben. Dann gehen die Racker nach einer Stunde wieder ... Ich spiele gerne mal Lehrerin!«, lacht Paula. »Außerdem kannst du dir überhaupt nicht vorstellen, wie langweilig es ist, Internetseiten für manche Unternehmen zu gestalten. Unglaublich! Und schöne Texte schreiben kann ich da auch nicht – oder hast du schon einmal schöne Texte zum Thema Überspannungsschäden gelesen? Ich möchte lieber für andere Kunden arbeiten. Für nette Kunden! Für Kunden mit spannenden Projekten.« »Also nicht: Überspannungsschäden?« »Nein, Projekte, die ich spannend finde. Ich habe gar nichts gegen *Marketing*. Ich finde das sogar interessant. Aber ich möchte nur für Sachen werben, die ich auch wirklich gut finde«, überlegt Paula. »Was wäre das denn?« »Mmh. Musik wahrscheinlich, oder?«, denkt Paula laut nach.

»Und welche Orte vermisst du?«, frage ich nach. »Ich habe alle Orte, die ich brauche«, stellt Paula fest. »Ich wohne und arbeite gerne in meiner Wohnung, ich bin gerne in der Redaktion der Musikzeitschrift, und ich liebe unseren alten Probenraum und ›meine‹ Berliner Bühnen, auch wenn ich die zurzeit nicht nutze.« Paula trägt folgende Begriffe in ihre Wunschliste ein (Seite 106 oben) und klebt zur besseren Übersicht die Ergebnisse der Poster-Tests direkt (Seite 106 Mitte) darunter.

Wunschliste

Lieblingstalente	Lieblingsmenschen	Lieblingsorte
Musik! In einer Band singen und spielen, Menschen fotografieren, Homepages gestalten, Marketing für spannende Projekte	Musiker/Bands, Fans, Labels, Musikverlag, Kinder	Meine Wohnung, Redaktion Musikzeitschrift, Probenraum und Bühne

Ergebnisse Poster-Tests

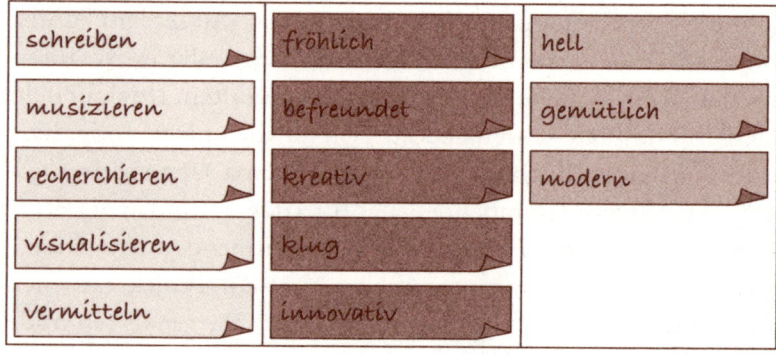

schreiben · fröhlich · hell
musizieren · befreundet · gemütlich
recherchieren · kreativ · modern
visualisieren · klug
vermitteln · innovativ

Ergebnis: Mein Job-Patchwork

»Jetzt lösen wir die große Frage: Was willst du tun, mit wem, für wen und wo? Und außerdem: Warum willst du das eigentlich tun? Dazu kombinierst du einfach deine Post-its und schreibst dann die Ergebnisse auf.«

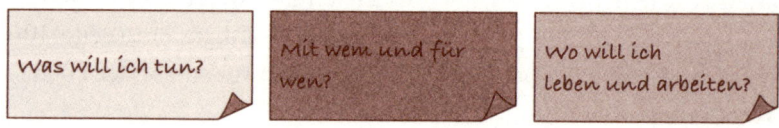

Was will ich tun? · Mit wem und für wen? · Wo will ich leben und arbeiten?

Paula betrachtet lange ihre Wunschliste und ihre Begriffe aus den drei Poster-Tests. Dann nimmt sie einen Stift, schiebt sich die Ärmel hoch und schreibt entschlossen auf:»1. Job: Musikjournalistin«.

1. Job: Musikjournalistin

Was?	Wer?	Wo?
Musik, recherchieren, schreiben, fotografieren	Musiker (kreativ, innovativ), Fans (fröhlich), Musikverlag (klug, kreativ, innovativ).	Eigene Wohnung (hell, gemütlich), Redaktion (hell, modern).

»Ich will über Musik schreiben und kreative Musiker fotografieren, um dann bei innovativen, intelligenten Musikverlagen fröhliche Fans zu informieren und zu inspirieren, entweder gemütlich von zu Hause aus oder in der modernen Redaktion, weil ich Verbindungen schaffen möchte zwischen Musikern und Fans. Hier kann ich an die Kontakte zum Musikverlag anknüpfen, bei dem ich mein Praktikum gemacht habe.«

Paula schreibt weiter:»2. Job: Musik-Marketingexpertin«.

2. Job: Musik-Marketingexpertin

Was?	Wer?	Wo?
Internetmarketing und Homepages gestalten, recherchieren, fotografieren, schreiben	Bands und Labels (kreativ, innovativ)	Eigene Wohnung (hell, gemütlich).

»Ich will Internetseiten gestalten und Internetmarketing anbieten für kreative kleine Bands und Labels, am besten gemütlich von zu

Hause aus, um Musikern zu mehr Bekanntheit zu verhelfen. Ich bin in der lokalen Musikbranche ganz gut vernetzt, könnte theoretisch also sofort anfangen.«

Danach notiert Paula: »3. Job: Musiklehrerin«.

3. Job: Musiklehrerin

Was?	Wer?	Wo?
musizieren, vermitteln	Kinder (fröhlich, kreativ, innovativ)	Eigene Wohnung (hell, gemütlich)

»Ich will Kindermusikgruppen leiten, entweder gemütlich bei mir zu Hause oder bei den Kindern zu Hause, um Kinder für Musik und für Musikinstrumente zu begeistern. Das ist doch ideal! Hier kann ich mein Musiktalent ausleben, ohne Musik studiert zu haben, ich kann an meine Erfahrungen als Nachhilfelehrerin und Tutorin anknüpfen und auch meinen Kinderwunsch sachte antippen.«

Als vierten Job hält Paula »Musikerin« fest.

4. Job: Musikerin

Was?	Wer?	Wo?
musizieren	Band (befreundet, fröhlich, kreativ, innovativ), Fans (fröhlich!)	Probenraum (gemütlich), Bühne (modern), Cafés (gemütlich)

»Ich will Gitarre spielen und singen, und zwar mit meinen kreativen Bandkollegen, mit denen ich eng befreundet bin, für unsere fröhlichen Fans, entweder auf der Bühne oder in Cafés.«

»Jetzt habe ich vier Mal ›ich will‹ gesagt …!« Ich sehe, wie Paulas Augen strahlen und bin gespannt, was jetzt kommt. »Ich glaube, ich weiß jetzt, was mein ganz großes Lebensziel ist: Menschen mit Musik glücklich machen. Ist das nicht toll? Dann ist es ja ganz egal, ob ich jetzt mehr Homepages für Bands gestalte oder mehr Marketing im Social Web mache oder mehr selbst auf der Bühne stehe.« »Deine Kunden sind die Musikfans, die ähnlich ticken wie du selbst«, bestätige ich Paula. »Das ist genau das, was Stefan Merath in seinem Buch *Die Kunst, seine Kunden zu lieben* gemeint hat. Wenn du es schaffst, für diese Menschen zu arbeiten, die du ja sehr gut kennst und sehr magst, dann ist es egal, was konkret du für sie tust. Du wirst immer erfolgreich sein.«

»Erstaunlich«, kommentiert Paula. »Ich bin ganz schön geschafft nach diesem Abenteuer. Ich brauche dringend einen Kaffee. Du auch?«

Wünsche und Perspektiven

Ich schenke Paula und mir frischen Kaffee ein, lege Kekse nach und male mit ihr zusammen mögliche Perspektiven aus:

- Sollten eigene Kinder kommen, kann Paula ihre diversen Aktivitäten um die Kinder herum bauen. Sollten keine kommen, kann sie schauen, wie sich was entwickelt. Denkbar ist alles.
- Paula könnte sich zum Beispiel als Kulturexpertin in der schreibenden Zunft etablieren und sich hier auf das Thema Musik spezialisieren.
- Oder sie macht sich einen Namen als clevere und innovative Marketingexpertin für Bands.
- Möglicherweise haben ihre Musikkurse für Kinder auch so viel Erfolg, dass sie hier ihren Schwerpunkt legt.
- Vielleicht kommt Paula auch mit ihrer eigenen Band noch einmal groß raus, wobei ihr das Motiv »eigene Bedeutung« nicht so wichtig ist wie der Spaß an der Musik.
- Wahrscheinlich bleibt sie in Berlin. Sie kann sich aber auch vorstellen, zusammen mit Freunden weiter raus aufs Land zu ziehen, wo das Leben viel billiger ist.

Ging Ihnen der Weg von den einzelnen Begriffen hin zum Job-Patchwork zu schnell? Nicht immer liegt die Lösung so klar auf der Hand. Manchmal müssen auch wir etwas länger knobeln, bis wir das Muster sehen.

 **Kaffeepause**

Meine Job-Patchwork-Formel: Was, mit wem und wo will ich leben und arbeiten?

Nun sind Sie wieder dran! Nehmen Sie sich einen großen Bogen Papier oder einen Stapel DIN-A4-Blätter, und zeichnen Sie eine Tabelle wie die unten stehende auf – Sie können aber auch hier direkt im Buch arbeiten. Nehmen Sie nun die Post-its aus den vorangegangenen Übungen und kleben Sie diese dort ein.

	Lieblingstalente	Lieblings-menschen	Lieblingsorte
Fragen	Wofür bin ich begabt? Was habe ich gelernt? Was begeistert mich?	Mit wem lebe ich? Für wen bin ich tätig? Welche Eigen-schaften, Werte und Motive prägen diese Menschen?	Wo wohne ich gerne? Wo arbeite ich gerne? Welche Orte machen mich glücklich?
Wunschliste			
Ergebnis Poster-Test			
Job-Patchwork:			

1. Job			
Jobbeschreibung			
2. Job			
Jobbeschreibung			
3. Job			
Jobbeschreibung			
4. Job			
Jobbeschreibung			
5. Job			
Jobbeschreibung			

Haben Sie die Lösung? Wunderbar. Oder haben Sie kein Muster gefunden? Wenn Sie mit Ihrer eigenen Mustersuche nicht weiterkommen oder mit dem Ergebnis unzufrieden sind, holen Sie sich am besten Traumjobdetektive dazu. Das können Ihre Freunde sein oder Ihre Kollegen, vielleicht auch ein professioneller Berater. Natürlich am besten aus der Kategorie Lieblingsmenschen.

Oft hilft es schon, wenn Sie an andere Menschen denken, die bereits einen ähnlichen Weg gegangen sind wie den, der sich jetzt für Ihr Leben andeutet.

 **Kaffeepause**

Meine Vorbilder: So will ich auch leben und arbeiten

Kennen Sie glückliche Job-Patchworker? Ja? Dann treffen Sie sich doch mal mit ihnen und lassen Sie sich erzählen, wie genau diese Menschen zu ihrem Patchwork gekommen sind, wie sie die vielen Jobs unter einen Hut bekommen und wie gut es ihnen damit geht. Wer fällt Ihnen ein?

1. _____
   _____
2. _____
   _____
3. _____
   _____

Erkenntnisse:
Ihr persönliches Job-Patchwork

Übrigens: Für viele Job-Patchwork-Sucher, die gerne in den Medien arbeiten wollen, ist Steffi ein sehr gutes Vorbild. Ihre Geschichte finden Sie im Ausblick.

Paula packt nach unserem Treffen ihre Sachen und geht zufrieden nach Hause. Morgen kommt sie zurück. Dann wollen wir darüber sprechen, wie Paula Multijobberin werden und ob sie mit ihrem Job-Patchwork auch in finanzieller Hinsicht gut leben kann. Kurz: Wir wollen über die organisatorische Seite des Job-Patchworkings reden – und über Geld.

Und Sie? Haben Sie erste Ideen entwickelt für Ihr persönliches Job-Patchwork? Jetzt geht es darum, Ihre Ideen zu prüfen, weiter zu konkretisieren und realitätstauglich zu machen. Vor allem, damit Sie in Ihrem neuen Job-Patchwork-Leben nicht nur fantastisch aufblühen, sondern damit Sie davon auch wirklich leben können.

Kapitel III

Freiheit: So füllen Sie Ihre Heldenreisekasse

Wussten Sie, dass rund 80 Prozent der Europäer finanzielle Analphabeten sind? Das hat eine Bertelsmann-Studie gezeigt. Und dass die Deutschen lieber zum Zahnarzt gehen als zur Finanzberatung? Dass man über Geld fast nichts in der Schule lernt? Und dass es auch überhaupt keine vernünftige Weiterbildung zum Thema Geld gibt? Deshalb schauen wir uns diesen Aspekt jetzt ganz genau an. Ist Ihre Reisekasse für Ihre ganz persönliche Heldenreise gut gefüllt? Fühlen Sie sich finanziell fit?

Training am Money Beach

Um das herauszufinden, absolvieren Sie am besten ein Fit-für-Finanzen-Training. Die Idee dazu ist entstanden auf einer Reise durch Florida, die tatsächlich am Money Beach endete. Schon im Flugzeug war ich auf einen Artikel gestoßen, der mich neugierig machte: Im April, so las ich, zelebrieren die USA immer den Monat der finanziellen Fitness und haben dazu sogar eine eigene Webseite: financialliteracymonth.com. Es war der erste April, doch dies schien kein Aprilscherz zu sein.

Das inspirierte meine Reisebegleitung und mich dazu, während unserer eigenen Aprilreise jeden Tag eine Übung zur finanziellen Fitness zu absolvieren. Wir begannen am kommenden Morgen mit einem Gespräch über unseren Geldlebenslauf. Zugegeben: Das fühlt sich sehr ungewohnt an. Oder haben Sie schon einmal jemandem erzählt, wie viel Taschengeld Sie in Ihrer Kindheit und Jugend bekommen haben? Wie gut oder bescheiden Ihre ersten Jobs bezahlt waren? Und was Sie verdienten, als es mit Ihrer Karriere aufwärtsging? Nein? Wir auch nicht. Nach unserem kleinen Selbstversuch wissen wir jetzt: Es tut gut, sich darüber auszutauschen.

Kaffeepause 13

Wie viel Geld hatte ich im Laufe meines Lebens?

_____

_____

_____

_____

_____

_____

Wenn beide Gesprächspartner beschließen, offen zu sein, ist das Sprechen über Geld gar nicht so schwer. Man erfährt, dass man nicht allein einige Aufs und Abs verkraften musste. Im Idealfall kann man sich ein paar Überlebenstricks abschauen – und gewinnt endlich finanzielle Freiheit.

Freiheit

Wenn Sie frei sind, können Sie zwischen verschiedenen Möglichkeiten selbst entscheiden. Sie sind autonom. Autonomie kommt von den griechischen Worten *autos* und *nomos* und heißt übersetzt: sich seine Gesetze selbst geben. Autonomie funktioniert nachhaltig nur, wenn Sie sozial handeln. Und wenn Sie genug Geld haben, um nach Ihren eigenen Vorstellungen zu leben. Jean-Jacques Rousseau sagte dazu diesen schönen Satz: »Die Freiheit des Menschen liegt nicht darin, dass er tun kann, was er will, sondern dass er nicht tun muss, was er nicht will.«

Erstaunlicherweise leben wir hier in einem der reichsten Länder der Erde – und doch kennen sich offenbar die meisten Menschen überhaupt nicht mit Geld aus. Eine Studie des Heidelberger Instituts Sinus Sociovision im Auftrag der Commerzbank hatte schon vor rund zehn Jahren gezeigt, dass fast jeder zweite Deutsche einen problematischen Umgang mit Geld an den Tag legt: Entweder fühlt er sich mit dem Thema Geld überfordert, oder er geht zu leichtfertig mit Geld um, oder er ist zu bescheiden, um finanziell erfolgreich zu sein. Sobald es um Geld geht, reagieren diese »Geldtypen« mit Misstrauen und Abwehr. Nur rund jeder zehnte Deutsche ist wirklich souverän im Umgang mit Finanzen.

Die acht Geldtypen

Als ich die Studie für mein erstes Buch entdeckt hatte, war ich so überrascht, dass mir die Zahlen nie mehr aus dem Kopf gegangen sind. Hier die detaillierten Ergebnisse zu den Geldtypen mit einer problematischen Grundhaltung zum Thema Finanzen:

- 19 Prozent der Bundesbürger lassen sich laut Sinus Sociovision und Commerzbank dem Typus des **Überforderten** zurechnen. Auf das Thema Finanzen reagiert dieser mit Distanz und Abwehr und auch mit Verunsicherung und Angst.
- 16 Prozent der Befragten können den Marktforschern zufolge als **Leichtfertige** bezeichnet werden. Diese neigen zu Spontankäufen und zu einem »Versorgungsfatalismus« nach dem Motto: »Es wird sich schon alles irgendwie regeln.«
- 10 Prozent zählen zu den **Bescheidenen**. Gegenüber dem Thema Geld zeigen sie eine passive Haltung und äußern den Wunsch nach staatlicher Fürsorge.

Daneben gibt es durchaus Gruppen mit einer positiven Grundhaltung zum Geld:

- 7 Prozent rechnen die Forscher den **Ambitionierten** zu. Diese Gruppe ist vergleichsweise jung, 18 bis 29 Jahre. Sie zeigt ein hohes Maß an Eigenverantwortlichkeit und lebt nach dem Motto: »Nur wenn man Geld hat, kann man das Leben richtig genießen.«
- 11 Prozent der Bevölkerung werden dem Typus des **Souveränen** zugeordnet. Der Altersschwerpunkt liegt hier zwischen 40 und 59 Jahren. Sie zeichnen sich aus durch Sachverstand, Interesse und Spaß an Finanzthemen und möchten in »Finanzdingen fit sein«.

Drei weitere Geldtypen zeigen weder eine positive noch eine negative, sondern eine eher sachliche und distanzierte Einstellung:

- 11 Prozent der Befragten zählen zu den **Vorsichtigen**. Sie kümmern sich um Vermögensplanung und Altersvorsorge und sparen nach Möglichkeit jeden Monat eine feste Summe.
- 16 Prozent lassen sich den **Pragmatikern** zurechnen. Sie bemühen sich um neutrale Informationen, stehen dem Thema Geld aber auch kritisch gegenüber. So stimmen sie der Aussage zu: »In unserer Gesellschaft hat Geld einen viel zu hohen Stellenwert.«
- 10 Prozent der Befragten gehören zu den **Delegierern**. Sie wissen, dass sie sich um das Thema Geld kümmern müssen, überlassen das aber lieber Finanzprofis. Sie äußern den Wunsch, sich »selbst um nichts kümmern« zu müssen.

 **Kaffeepause** 14

Welcher Geldtyp bin ich?
Ich bin ...

Wie gehen Sie mit Geld um? Ist Ihnen dieses Thema so unangenehm, dass Sie sich, soweit möglich, erst gar nicht darum kümmern? Oder haben Sie Spaß an der Sache? Ordnen Sie sich selbst spontan einem Typus zu und kreuzen Sie an.

Wenn es um Geld geht, bin ich tendenziell:

☐ übermütig
☐ überfordert
☐ bescheiden
☐ vorsichtig
☐ pragmatisch
☐ ambitioniert
☐ souverän
☐ delegierend

Wie finden Sie Ihr Ergebnis? Fühlen Sie sich wohl als überforderter Geldtyp? Natürlich nicht. Die gute Nachricht ist: Es geht nicht nur Ihnen so. Dass Sie viele Möglichkeiten haben, sich zu einem souveränen Typen weiterzuentwickeln, kann ich aus eigener Erfahrung sagen. Ich selbst habe diesen Weg auch hinter mir – und ich gehe ihn weiter. Zum Beispiel durch mein Engagement für die APRIL Stiftung. Informieren Sie sich zum Thema Geld, lassen Sie sich von unabhängigen (!) Experten beraten, nehmen Sie das Thema in die Hand. Sie werden sehen: Wenn Sie die ersten Hürden überwunden haben, macht es sogar Spaß.

Rollenspiel: Angestellt oder selbstständig?

Multijobber kombinieren nicht nur verschiedene Jobs, sondern treten je nach Job auch oft in einer anderen Rolle auf. So sind diese vielleicht in ihrem »Hauptjob« als Angestellter tätig, im Nebenjob aber Unternehmer, aus Liebhaberei auch Investor und in ihrer Freizeit vielleicht auch noch Verwalter in ihrem Verein oder ihrer Immobilie.

Es ist sehr sinnvoll, sich vor dem Start in das Multijob-Leben ein genaues Bild davon zu machen, welcher Job eigentlich mit welcher Rolle am besten gespielt wird – und welcher wohl am besten zu Ihnen passt. Was können Sie sich vorstellen? Schauen wir uns einige Beispiele an:

Als **Unternehmer** arbeiten Sie nicht *im* Unternehmen, sondern *am* Unternehmen. Das bedeutet: Sie bauen einen Betrieb auf, den Sie oder ein Manager von außen steuern, während innen Fachleute arbeiten.

Selbstständige/Freiberufler dagegen arbeiten nicht am Unternehmen. Sie sind gewissermaßen das Unternehmen selbst. Sie sind deshalb erfolgreich, weil sie als Spezialisten ihre fachspezifische Arbeit gerade nicht delegieren, sondern selbst erledigen. Arbeiten, die nicht fachspezifisch sind, wie Buchhaltung, Raumpflege, Kurierfahrten und so weiter, können und sollten sie natürlich auslagern.

Angestellte Fachkräfte arbeiten *im* Unternehmen.

Experten treten oft als Redner oder als Berater auf. Etliche von ihnen haben nebenher ein eigenständiges Unternehmen aufgebaut, das von einem Manager geführt wird und das die Bekanntheit des Experten zum Beispiel für den Vertrieb von Büchern oder von Sportartikeln nutzt.

Verwalter sorgen dafür, dass ein funktionierendes Unternehmen weiter funktioniert. Sie sind keine Unternehmer, weil sie nichts Neues unternehmen.

Händler sorgen dafür, dass Angebot und Nachfrage zueinander finden. Dazu müssen sie nur wissen, was wo zu bekommen ist, wer das haben will und wie viel Geld sie dafür verlangen können.

Investoren sorgen dafür, dass vielversprechende Unternehmen Kapital bekommen, mit dem sie weiter wachsen können.

Studierende oder Menschen, die gerade eine **Fortbildung** absolvieren, spielen eine Sonderrolle. Sie können sich ihre Zeit oft besonders frei einteilen und genießen darüber hinaus noch Vorteile bei Steuern und Versicherungen.

Patchwork-Design: Welche Jobs zusammenpassen

Wie können Sie diese vielen verschiedenen Rollen nun sinnvoll verbinden? Hier die Kombinationen, die sich in der Praxis besonders gut bewährt haben:

Sie sind angestellt *und* selbstständig tätig: So fangen viele Job-Patchworker an. Das Beste an dieser Kombination ist das feste Einkommen aus dem Angestelltenverhältnis. So können Sie Wohnung, Auto, Versicherungen und Sommerurlaub auch dann entspannt bezahlen, wenn es mit der Selbstständigkeit gerade mal nicht so gut läuft. Außerdem sind Sie über Ihren Hauptjob bereits versichert: Über Krankenkassenbeiträge, Rentenversicherung und Arbeitslosenversicherung müssen Sie sich also keine zusätzlichen Gedanken machen. Und wenn Sie als Nebenerwerbsunternehmer nur wenige Umsätze machen, brauchen Sie auch keine Umsatzsteuer zu zahlen. Erkundigen Sie sich dazu nach dem aktuellen Stand der »Kleinunternehmerregelung« im Umsatzsteuergesetz.

Zudem haben Sie viel Zeit: Sie können in aller Ruhe schauen, wie sich Ihr Erfolg als Selbstständiger entwickelt. Starten Sie unerwartet rasant durch, hängen Sie den Hauptjob nach einer Weile an den Nagel. Bleibt der Erfolg eher übersichtlich, experimentieren Sie weiter, bis Sie eine erfolgreichere Nische gefunden haben. Oder Sie betreiben Ihren nur halbwegs lukrativen Nebenjob aus purer Liebhaberei weiter. Warum auch nicht? Mit Ihrem soliden Hauptjob können Sie sich das leisten.

Läuft Ihr Nebenjob als Selbstständiger auch nur einigermaßen gut, verdienen Sie viel mehr Geld als mit einem Mini- oder Midijob. Gleichzeitig steht Ihnen die volle Palette zur Verfügung, wenn Sie gegenüber dem Finanzamt Kosten geltend machen wollen. Nur Folgendes müssen Sie wissen: Wenn Sie mit Ihrer selbstständigen Nebentätigkeit ausgesprochen wenig Umsätze oder sogar nur Verluste erwirtschaften, kann sich das Finanzamt querstellen. Reine Liebhabereien werden nicht gesponsert. Läuft es aber sehr gut mit Ihrer Nebentätigkeit, kann Ihre Krankenversicherung Ihre selbstständige Nebentätigkeit zu Ihrem Hauptjob erklären. Das heißt: andere Beitragssätze.

Wichtig: Als Angestellter und Nebenerwerbsunternehmer oder Nebenher-Freiberufler müssen Sie beide Einkünfte zusammen versteuern. Ihre freiberufliche Tätigkeit müssen Sie spätestens innerhalb eines Monats nach Ihrem Start dem Finanzamt melden, das für Ihren Wohnort zuständig ist. Eine formlose Anmeldung genügt. Sie bekommen dann einen »Fragebogen zur steuerlichen Erfassung«. Lassen Sie sich vorher beraten, ob Sie eine gewerbliche oder freiberufliche Tätigkeit ausüben. Diese Einordnung ist für Sie sehr wichtig, denn als Gewerbetreibender zahlen Sie zum Beispiel Gewerbesteuer, als Freiberufler aber nicht. Fragen Sie also frühzeitig bei Ihrem Berufsverband oder Ihrem Steuerberater nach, was für Sie gilt.

Sie sind Minijobber/Midijobber *und* selbstständig tätig: Hier gilt in den Grundsätzen das Gleiche wie in der Kombination Angestellter plus Selbstständiger. Mit dem Unterschied, dass das Einkommen aus dem Minijob oder Midijob in der Regel zum Leben nicht ausreicht. Deshalb ist das zusätzliche Einkommen mit selbstständiger Arbeit absolut notwendig – umso schwieriger wird die Lage, wenn auch hier nicht genug Einkommen generiert werden kann.

Immerhin profitieren Mini- oder Midijobber von Vorteilen hinsichtlich der Sozialversicherung und der Steuerlast. Was genau gilt, verändert sich immer wieder – die Verdienstgrenze für Minijobber ist zum Beispiel seit 1. Januar 2013 auf 450 Euro gestiegen. Erkundigen Sie sich dazu am besten bei der Personalabteilung Ihres Unternehmens, bei einem Steuerberater oder direkt in der Minijobzentrale (www.minijob-zentrale.de).

Sie sind Beamter *und* Angestellter/Minijobber/Selbstständiger: Vor allem Lehrer stehen oft vor dem Problem, dass sie mit ihren Aufgaben in der Schule völlig gefordert sind und sich trotzdem von ihrem Job nicht ausgefüllt fühlen. Sind Sie Lehrer? Oder arbeiten Sie in einer Behörde, können sich aber dort nicht richtig entfalten? Dann kann es sich anbieten, die Stundenzahl zu reduzieren und parallel in einem weiteren Job tätig zu werden.

Dabei gilt: Sie brauchen eine Genehmigung, egal ob Sie selbstständig tätig werden oder einen Minijob übernehmen wollen. Am besten, Sie erkundigen sich bei Ihrer zuständigen Personalstelle nach der für Sie gültigen »Nebentätigkeitsverordnung«.

Sie sind Beamter *und* Experte: Wollen Sie neben Ihrer Tätigkeit für Bund oder Land noch als Experte auftreten und Vorträge halten, als Dozent oder als Seminarleiter in Aktion treten, brauchen Sie oft keine schriftliche Genehmigung, müssen diese Tätigkeit aber anzeigen. Am besten, Sie fragen auch hierzu bei Ihrer zuständigen Personalstelle nach.

Sie sind Student *und* jobben nebenher: Grundsätzlich können Studenten neben ihrem Studium jobben – den meisten bleibt ja auch gar nichts anderes übrig. Wenn Sie dabei »auf Lohnsteuerkarte« arbeiten, haben Sie sogar einen Sonderstatus im Hinblick auf Ihre Sozialversicherungspflicht: Sie müssen an viele Pflichtversicherungen keine Beiträge zahlen (zum Beispiel Krankenversicherung). Und zwar dann, wenn Sie tatsächlich an einer Hochschule, Fachschule oder Akademie eingeschrieben sind, wenn Sie Ihr Studium noch nicht beendet haben und tatsächlich auch studieren. Das heißt: Ihre Hauptbeschäftigung ist nicht das Jobben, sondern das Studium. Ein »ordentlich Studierender« sind Sie dann, wenn einer der folgenden Punkte zutrifft:

- Sie jobben nicht mehr als 20 Stunden in der Woche
- Sie jobben nur in den Semesterferien
- Sie jobben nur abends, nachts und an freien Tagen

Wenn Sie weniger als den steuerlichen Grundfreibetrag verdienen, müssen Sie auch keine Steuern zahlen.

Wie könnte es nun konkret bei Ihrem Patchwork-Konzept aussehen?

 **Kaffeepause** 15

**Woher soll mein Geld kommen?
Ich verdiene als ...**

- ☐ Angestellte/er
- ☐ Selbstständige/er
- ☐ Experte/in
- ☐ Unternehmer/in
- ☐ Investor/in

Rundfahrt im Kostenkarussell

Bei der Kombination Minijob plus selbstständige Tätigkeit haben wir es schon gesehen: Nicht immer geht der Jobpatchwork-Plan auf! Mit manchen Kombinationen verdienen Sie zu wenig Geld. So schön die Idee dann auch war – es bleibt Ihnen nichts anderes übrig, als nach einer Lösung zu suchen, mit der Sie tatsächlich leben können. Dabei können Sie zwei Wege einschlagen:

- *Mehr Geld* verdienen, indem Sie sich zum Beispiel einen festen Job suchen, der zwar langweilig sein mag, Ihnen aber Ihr täglich Brot und ein Dach über dem Kopf garantiert und noch so viele Stunden übrig lässt, dass Sie Spielraum für kleine Traumjobs gewinnen. Oder Sie behalten Ihren festen Job erst einmal, versuchen aber, die Stunden zu reduzieren oder weniger anspruchsvolle Aufgaben zu übernehmen, um mehr Luft zum Leben und Experimentieren zu bekommen.
- *Fixkosten runter* – das ist die andere Möglichkeit. So können Sie sich zum Beispiel dazu entscheiden, Ihr Auto abzuschaffen, in eine billigere Wohnung oder in eine WG zu ziehen, Ihren Konsum einzuschränken oder von teurer Markenware auf Flohmarktqualität umzusteigen.

Beim Geld hört das Träumen auf

Auch mit Paula stelle ich die monatlichen Kosten auf den Prüfstein. Dazu müssen wir einen neuen Termin vereinbaren, denn Paula weiß gar nicht auswendig, wie viel Wohnung, Energie, Versicherungen und Telefon kosten. Ergebnis: Paulas Kosten sind voraussichtlich gedeckt, wenn sie sich einen kleinen festen Job bei einer netteren Agentur sucht  – so hat sie das Thema Sozialversicherung auch gleich abgehakt. Daneben kann sie regelmäßig Kolumnen, CD-Kritiken und Reportagen schreiben und eine Kindermusikgruppe leiten.

Jetzt geht es wieder um Sie: Was kostet Ihr Leben? Verschaffen Sie sich einen Überblick.

 **Kaffeepause**
Wohin geht mein Geld?
So viel Geld kosten im Monat

Wohnen

Essen, Trinken und Kleidung

Telefon, Kommunikation

Freizeit

Sparen

Spenden

Versicherungen

Investitionen

Im Talentcafé müssen wir den Traumjobsuchern oft gar keinen Mut machen. Den haben sie zumeist schon selbst. Manchmal sogar zu viel! Dann heißt es: cool bleiben, genau überlegen, den festen Job erst einmal behalten, das Job-Patchwork langsam ausbauen. Wenn Sie mögen, lernen Sie jetzt die Geschichte von Gabi kennen, die ihren Angestelltenjob zum Glück nicht sofort an den Nagel gehängt hat – siehe Ausblick.

Vom richtigen Platz im Leben

Die meisten Traumjobsucher denken darüber nach, wer sie in ihrem neuen Job sein wollen, wo ihr neuer Job sein könnte, welches Smartphone sie dazu brauchen und ob ein neues Outfit her muss. Sie haben sich aber noch nie Gedanken darüber gemacht, welche finanziellen Ziele sie im Leben eigentlich verfolgen. Haben Sie sich das schon einmal überlegt? Nein? Dann habe ich eine sehr schöne Übung für Sie.

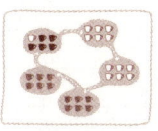

Kaffeepause 17
Welche finanziellen Ziele habe ich eigentlich?

Gedankenexperiment mit einem virtuellen Bankkonto: 30 Tage lang verdoppelt sich täglich der Geldbetrag, den Sie ausgeben dürfen. Beginnen Sie mit 10 Euro am ersten Tag und notieren Sie, wofür Sie diesen Betrag gern ausgeben würden. Es gilt, jeden Tag den kompletten Betrag auszugeben und aufzuschreiben, wofür. Nehmen Sie besonders die letzten Tage unter die Lupe. In was wollen Sie investieren, wenn Sie Uhr, Auto, Villa, Pool schon längst haben? Plötzlich zeigt sich, was Sie wirklich wichtig und sinnvoll finden. Viel Vergnügen!

1. Tag: 10 Euro für _____
2. Tag: 20 Euro für _____
3. Tag: 40 Euro für _____
4. Tag: 80 Euro für _____
5. Tag: 160 Euro für _____
6. Tag: 320 Euro für _____
7. Tag: 640 Euro für _____
8. Tag: 1 280 Euro für _____
9. Tag: 2 560 Euro für _____

10. Tag: 5 120 Euro für _____

11. Tag: 10 240 Euro für _____

12. Tag: 20 480 Euro für _____

13. Tag: 40 960 Euro für _____

14. Tag: 81 920 Euro für _____

15. Tag: 163 840 Euro für _____

16. Tag: 327 680 Euro für _____

17. Tag: 655 360 Euro für _____

18. Tag: 1 310 720 Euro für _____

19. Tag: 2 621 440 Euro für _____

20. Tag: 5 242 880 Euro für _____

21. Tag: 10 485 760 Euro für _____

22. Tag: 20 971 520 Euro für _____

23. Tag: 41 943 040 Euro für _____

24. Tag: 83 886 080 Euro für _____

25. Tag: 167 772 160 Euro für _____

26. Tag: 335 544 320 Euro für_____

27. Tag: 671 088 640 Euro für_____

28. Tag: 1 342 177 280 Euro für _____

29. Tag: 2 684 354 560 Euro für _____

30. Tag: 5 368 709 120 Euro für _____

Es macht Spaß, im Großformat zu denken? Dann nutzen Sie jetzt Ihren Schwung für einen kleinen Test.

 **Kaffeepause** 18

Bin ich finanziell fit? Fünf Testfragen

1. Habe ich einen Überblick über meine persönlichen Finanzen?
Ja / Nein

2. Bin ich zufrieden mit meinem Einkommen?
Ja / Nein

3. Habe ich meine Ausgaben im Griff?
   Ja / Nein

4. Verfolge ich ein konkretes finanzielles Ziel?
   Ja / Nein

5. Habe ich eine Strategie, um das Ziel zu erreichen?
   Ja / Nein

Erkenntnisse:
Ihre persönliche Finanzübersicht

_____

_____

_____

_____

_____

_____

_____

_____

_____

_____

_____

_____

_____

_____

_____

_____

_____

_____

Nach Ihrem Fitnesstraining in Sachen Finanzen geht es nun um Ihre Strategie, um Ihre Vernetzung und um Ihre Positionierung. Sie wissen ja schon: Wenn Sie mit den richtigen Menschen am richtigen Ort zusammen leben und arbeiten und wenn Sie genau die Kunden finden, die zu Ihnen passen, dann sprudeln Sie über vor Kreativität und rennen überall offene Türen ein. Ich habe es selbst erlebt – nicht nur bei mir, sondern auch bei vielen anderen. Deshalb verwandele ich das Berliner Talentcafé regelmäßig in ein Gründercafé. Und dahin lade ich Sie jetzt ein. Herzlich willkommen!

Kapitel IV

Gründercafé: Treffen Sie erfolgreiche
Vorbilder

Im Gründercafé haben Sie nun die Chance, Ihre Job-Patchwork-Idee auf den Prüfstein zu stellen. Funktioniert Ihre Idee auch in finanzieller Hinsicht? Was müssen Sie bei Ihrer Positionierung beachten? Mit welchen Kooperationen und welcher Art von Team kommen Sie am besten voran?

Über Erfolg und Geld spricht man nicht! Oder doch?

Geldforscher Peter Koenig sagt: »Die Quelle eines Unternehmens ist nie das Geld, es ist die Person mit einem Traum, einer Idee, einer Leidenschaft.« Trotzdem ist der bewusste und kluge Umgang mit Geld für jedes Unternehmen zentral. Gerade wenn der Gründer stark von seiner Vision beseelt ist und darüber das Thema Geld vergisst oder wenn es um die Gründung eines Non-Profit-Unternehmens geht und das Thema Geld als politisch unkorrekt gilt oder ganz ausgeblendet wird, ist eine kluge und offene Kommunikation über Geld gleich zu Beginn der Gründungsphase erfolgsentscheidend. Denn das Mantra »Wenn ich nur etwas ganz stark will, dann schaffe ich das auch« wird zwar oft gebetet, ist aber unsinnig, wenn die Realität ignoriert wird.

Umgekehrt gilt aber auch: Wer als Gründer vor allem von dem Wunsch beseelt ist, reich zu werden, sollte sich über seine persönliche Beziehung zu Geld Gedanken machen. Denn sonst steht bei seinen Überlegungen viel zu schnell nicht mehr der Kundennutzen im Mittelpunkt, sondern nur noch der eigene Profit. »Nicht die Führungskraft führt, sondern das Geld«, bringt es Finanzpsychologin Monika Müller in ihrem Buch *Finanzcoaching für Unternehmer* auf den Punkt (Müller 2013, S. 54).

Geld hat eine lange Kulturgeschichte. Forscher vermuten, dass es ganz zu Beginn eine magisch-mythische Bedeutung hatte: Ein solches »Hortgeld« konnte zum Beispiel ein Ring sein. In der nächsten Phase wurde das Geld zu einem Medium, mit dem seine Besitzer ihren gesellschaftlichen Stand anzeigen konnten – tatsächlich spricht man hier von »Protzgeld«! Erst dann nahm das Geld die Form eines Zahlungsmittels an, wobei es sich im Laufe dieser Entwicklung von Münzen und Scheinen unabhängig gemacht hat.

Interessant ist, dass das Geld bis heute alle Bedeutungen in sich trägt: Wir projizieren unsere Wünsche, etwa nach Sicherheit, Freiheit, Macht, Ruhe, und Ängste vor Unsicherheit, Abhängigkeit, Ohnmacht, Stress, auf das Geld – so, als habe es noch immer magische Kräfte. Wir zeigen noch immer unser Geld in Form von Statussymbolen. Es geht gar nicht anders! Denn so, wie wir nach Paul Watzlawik »nicht nicht kommunizieren können«, können wir auch »nicht nicht konsumieren«. Wir »protzen« immer mit unseren Dingen. Und wenn wir es bewusst nicht tun, ist auch das ein Statement für einen bestimmten Lebensstil.

Geld »lässt jede noch so abwegige Projektion zu. Deshalb können wir nach aller Erfahrung davon ausgehen, dass unsere wirklich blinden Flecken beim Geld gelandet sind«, erklärt Monika Müller. Das heißt: Wenn wir unsere Sehnsucht nach Freiheit auf Geld projizieren, machen wir unser Freiheitsgefühl abhängig von Geld – und sind damit unfrei.

Sie sehen, wie wichtig es ist, über Geld zu reden! Und zwar mit möglichst unterschiedlichen Menschen. Angefangen bei Ihrem Partner oder Ihrer Partnerin – wobei es hier guttun kann, wenn beide darüber sprechen, welche Hoffnungen und welche Ängste sie mit Geld verbinden. Und was Sie aus der Perspektive Ihrer verschiedenen Rollen – etwa als Mitgründer, als Ehemann, als Vater – über das Thema denken. Sprechen Sie unbedingt auch mit Profis über das Thema Geld: mit Steuerberatern, mit Finanzberatern. Achten Sie hier aber auf die Unabhängigkeit der Beratung, damit Sie nicht mit 28 Versicherungen nach Hause gehen, die Sie gar nicht brauchen. Zahlen Sie lieber für eine professionelle und nicht verkaufsorientierte Beratung, als Zeit mit einem kostenlosen Verkaufsgespräch zu verschwenden, das viele Folgekosten nach sich zieht.

Halten Sie nach diesen ersten Einblicken zum Thema Geld ruhig eine Doppel-Kaffeepause ab, um die Übungen 19 und 20 in Ruhe zu absolvieren. Denken Sie darüber nach, wer aus Ihrem Umkreis einen entspannten (!) und gut durchdachten Umgang mit Geld pflegt. Überlegen Sie, mit welchen Personen Sie unbedingt über Geld reden müssen, weil diese von Ihrer Entscheidung für ein Multi-Traumjob-Leben unmittelbar betroffen sind. Recherchieren Sie, welche Steuerberater und Finanzexperten in Ihrer Umgebung einen wirklich guten Ruf haben.

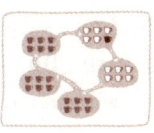

Kaffeepause 19

Mit wem kann ich über Geld sprechen?

1. _____
   _____

2. _____
   _____

3. _____
   _____

Schauen Sie auch, wo Sie Seminare zum Thema Geld belegen können. Denn trotz der sehr spärlich gestreuten Angebote in diesem Bereich gibt es doch einige Kurse. Zum Beispiel

- bei Berufsverbänden (wie dem Deutschen Journalistenverband, DJV),
- bei den örtlichen Volkshochschulen oder
- Industrie- und Handelskammern (IHKs).
- Sogar die Fernsehsendung ZDF-WISO bietet Crashkurse an (www.wiso-meinbuero.de/crashkurs/).

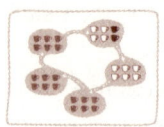 **Kaffeepause**

Wo kann ich mehr über Geld lernen?

_____

_____

_____

_____

Zeigen Sie sich!

»Es reicht nicht, dass Sie Ihre Kunden lieben. Der Kunde muss auch Sie lieben. Dazu muss er überhaupt erst wissen, dass es Sie gibt«, schreibt Strategieexperte Stefan Merath in seinem Business-Roman _Die Kunst, seine Kunden zu lieben._ Damit wären wir beim Thema Positionierung – was, wenn Sie mich fragen, eigentlich weniger mit Kunst zu tun hat als vielmehr mit einem gesunden Menschenverstand.

Wo zum Beispiel eröffnen Sie einen Reparaturladen für Hightech-Kaffeemaschinen: Im sozialen Brennpunkt, weil dort die Ladenmieten billig sind? Oder in einem angesagten Wohnviertel, wo es in jedem Haushalt eine bis drei Kaffeemaschinen gibt? Natürlich dort. Oder: Wo eröffnen Sie ein brasilianisches Café: In einer Seitenstraße, weil es dort so schön ruhig ist? Oder dort, wo es besonders viel Laufkundschaft gibt? Mit Positionierung ist natürlich nicht nur die Standortsuche gemeint, sondern auch Ihr Marketing.

Dabei kommt es viel mehr auf Ihr Talent und Ihren Einfallsreichtum an als auf Ihren Geldbeutel. Als völlig unbekannter Multi-Traumjobber mit Spezialdienstleistungen machen Sie am besten einen großen Bogen um alles, was nach konventioneller Werbung aussieht. Also: keine Stadtplakate, keine Radiowerbung, keine Printanzeigen, vielleicht auch keine Flyer. Es geht viel intelligenter. Günter Faltin, Professor für Unternehmensgründung an der Freien

Universität Berlin und Gründer des Unternehmens Teekampagne/ Projektwerkstatt GmbH, erzählt in seinem Buch *Kopf schlägt Kapital* von einem Mann, der seinen Kerzenverkauf ankurbelte, indem er sich selbst als Weihnachtsbaum verkleidete. Hell strahlend, natürlich. Und von einem Bürodienstleister, der sein Büro mit 16 Tonnen Karibiksand, Palmen und Boccia-Kugeln füllte und so über 60 deutsche Medien zu sich lockte. So kommt man zu kostenloser Werbung.

Ein solches Halligalli passt allerdings nicht zu jedem, und es funktioniert auch nicht an jedem Ort. Wenn Sie sich nicht so gerne selbst in Szene setzen oder nicht in einer quirligen Großstadt wohnen, gibt es noch einen weiteren Weg. Sie knüpfen an Ihre Szene an:

- Haben Sie zum Beispiel viele Freunde, denen gutes Essen und guter Wein wichtig sind, dann starten Sie vielleicht eine eigene Weinhandlung oder ein kleines Catering-Unternehmen – oder arbeiten in einem bereits bestehenden Laden erst einmal mit.
- Sind Sie mit vielen Künstlern unterwegs und haben Sie den Eindruck, dass Sie der Einzige sind, der sich einigermaßen mit einem Thema auskennt, das für alle einen Engpass darstellt, dann bieten Sie genau das an: Sie organisieren Events, kümmern sich um Kontakte zu Galerien, beschaffen Material.
- Kennen Sie viele permanent überlastete Familien, dann organisieren Sie einen Nanny-Dienst, eine Nachmittagsbetreuung, Shuttle-Services zur Musikschule oder zum Turnverein.

Nutzen Sie also Ihre bereits bestehende Verankerung in bestimmten Netzwerken aus, in Ihrer Stadt und natürlich auch online. Hier kennt man Sie schon, man wird in der Szene über Ihr Angebot sprechen. Sie brauchen also wieder keine Anzeigen zu schalten.

Ziemlich ungewöhnliche und vergleichsweise kostengünstige Ideen für mehr Aufmerksamkeit liefert übrigens *Ambient Media*. Diese relativ junge Werbeform ist verwandt mit dem Guerillamarketing. Sie taucht dort auf, wo man sie nicht erwartet und verwandelt jede Umgebung in eine Werbefläche. So findet der verblüffte Kunde zum Beispiel ein Reklamekärtchen im Golfloch oder in seinem Pizzakarton. Wer mehr investieren kann und will, kann im Winter eine Bushaltestelle beheizen und zu einem Mega-Backofen umbauen – im Jahr 2011 hat *Caribou Café* mit so einem Ofen in Minneapolis von sich reden gemacht. Oder er kann eine Straßenlaterne als Teil einer temporären Skulptur zweckentfremden. Der typische Bogen des Laternenpfahls wurde so schon einmal als Kaffeeausguss umgedeutet, er wurde auch schon als Brillenbügel gesichtet.

Über folgende Fragen sollten Sie sich also Gedanken machen – wobei Sie je nach Ihrem individuellen Bedarf Ihr komplettes Jobportfolio analysieren können oder nur einen Teilaspekt aus Ihrem Traumjob-Patchwork. Oder beides.

- *Was* genau möchten Sie anbieten?
- *Warum* ist Ihr Produkt oder Ihre Dienstleistung relevant für Ihre Zielgruppe?
- *Wer* genau gehört zu Ihrer Zielgruppe? In welchen sozialen Netzwerken / in welcher Szene wollen Sie sich positionieren?
- *Wo*, also an welchem Ort, können Sie Ihre Zielgruppe treffen?
- *Wie* wollen Sie sich selbst inszenieren? Welche Geschichte möchten Sie über sich selbst erzählen? Wer möchten Sie sein?
- *Wann* ist die richtige Zeit und wo ist der richtige Ort, um mit Events auf sich aufmerksam zu machen?

In Ihrer nächsten Kaffeepause nehmen Sie sich bitte viel Zeit, um Ihre wichtigsten Ergebnisse aufzuschreiben.

Kaffeepause 21

Wie kann ich mein Projekt oder mein Produkt positionieren?

Beruf	Ehrenamt	Hobby
kalkulieren	bauen	musizieren

_____

_____

_____

Das Netzwerk nutzen

»Weißt du was, Beate? Ich muss mir über meine Positionierung
gar nicht so sehr den Kopf zerbrechen«, sagt Paula. »Ich kenne so
viele Menschen hier in der Stadt. In den nächsten Wochen nutze
ich einfach jede Möglichkeit, mich unters Volk zu mischen und
allen meinen Freunden und Kollegen von meinem Plan zu erzäh-
len. Immer wieder, überall. Mal sehen, ob das
nicht schon ausreicht. Ich habe das Gefühl, ich
muss gar keine Flyer drucken lassen. Vielleicht
gebe ich auch einfach selbst mal eine Geburts-
tagsparty. Dazu kann ich ja alle einladen, mit
denen ich ohnehin über meine Ideen sprechen
wollte.«

Eine Serviette, bitte

Angenommen, Sie treffen zufällig einen Menschen, der sich
für Ihre Idee begeistern könnte. Wie erklären Sie ihm, warum
Ihr Angebot genau das ist, was er jetzt gebrauchen könnte?
Am besten kurz und bündig. Und am besten ohne Worte. Aber
warum?

Auf der Serviette erklärt heißt das Buch von Dan Roam, in dem
er zeigt, wie Sie mit ein paar Strichen schnell überzeugen statt
lange präsentieren (2009). Dan Roam ist
Gründer und Präsident einer Beratungs-
firma, die Managern hilft, komplexe
Probleme durch visuelles Denken aufzu-
lösen. Er beweist: Jeder Business-Fall hat
Platz auf einer einzige Serviette. Und jeder
kann zeichnen, auch wenn er glaubt, keinen Bleistift halten zu
können. Denn Grundlage jeder Zeichnung sind ganz einfache
Formen.

- *Achsenkreuz*: Wenn Sie ein IT-Produkt anbieten wollen, können Sie an die X-Achse zum Beispiel schreiben: geschlossene bis offene Standards. Und an die Y-Achse: wenige bis viele Software-Funktionen. In die entstehende Grafik können Sie dann die Produkte der Mitbewerber eintragen und Ihr eigenes. So sehen Ihre Kunden gleich, wie Sie im Vergleich zu konkurrierenden Produkten positioniert sind.
- *Flow-Chart*: Mit einem Flussdiagramm können Sie Prozesse zeigen. Die von mir gegründete Keksbank ließe sich so darstellen: Mit dem Keksverkauf kommt Geld zusammen, das dann in die Beratung von Traumjobsuchenden fließen kann.

- *Vorher-Nachher-Zeichnung*: Wenn Sie zwei Zeichnungen gegenüberstellen, können Sie einen Veränderungsprozess verdeutlichen. Wenn mich jemand fragt, was wir im Talentcafé machen, könnte ich also etwas zeichnen, wie in der folgenden Abbildung.

Jetzt sind Sie dran! Nehmen Sie sich einen Stift und einen Stapel Papier. Zeichnen Sie drauflos – der künstlerische Wert Ihres Werkes ist in diesem Augenblick egal (aber bewahren Sie die Zeichnungen ruhig auf, wer weiß, wie berühmt Sie mit Ihrer Idee nochmal werden ...). Es geht jetzt darum, Ihre Ideen mit visuellem Denken zuzuspitzen.

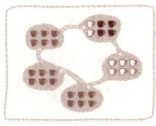

Kaffeepause

**Auf den Punkt gebracht: So
sieht meine Idee aus, wenn ich
sie auf eine Serviette zeichne**

Nicht hinbekommen? Nicht so schlimm. Vielleicht muss sich die
Idee noch weiter konkretisieren. Manches findet sich von allein.

Gründungsexperte Faltin beruhigt in *Kopf schlägt Kapital:*
»Haben wir erst einmal die Spur aufgenommen, fällt uns manches
wie von selbst zu, was uns sonst nicht aufgefallen wäre. ›Things
fall into composition‹.«

Kopf schlägt Kapital

Ich habe vor vielen Jahren bei Professor Faltin studiert und bei
ihm ganz entscheidende Punkte gelernt. Der wichtigste: Ein
Unternehmer muss nicht alles selbst machen. »Das Unternehmer-
bild vom Alleskönner und Gesamtmatador ist passé«, sagt Faltin.

Es wäre sogar falsch, wenn er versuchte, alles selbst zu machen. Viel besser funktionieren Unternehmensgründungen, wenn möglichst viele Dienstleistungen einfach zugekauft werden: Buchhaltung, Lagerhaltung, Kurierdienste zum Beispiel. Wenn (Teilzeit-) Gründer ihr Unternehmen im Sinne Faltins aus Komponenten zusammenbauen, profitieren sie von mehreren Vorteilen: Sie kommen schneller auf die Beine, starten gleich auf hohem, professionellem Niveau und brauchen relativ wenig Kapital.

Auswahl mit gesundem Menschenverstand

Bei externen Kooperationspartnern ist natürlich die Qualität der eingekauften Dienstleistungen erfolgskritisch. Und wie beurteilt ein (Teilzeit-)Gründer, ob ein Steuerberater gut oder schlecht ist? »Oft helfen hier gesunder Menschenverstand und Instinkt mehr als fundiertes Fachwissen auf allen möglichen Gebieten«, ermutigt Faltin.

Also: Trauen Sie sich! Gründen Sie als ein Standbein ein Unternehmen aus kompetenten Kooperationspartnern.

 **Kaffeepause** 23

 **Mit wem möchte ich kooperieren? Wer gibt mir Kraft?**

Überlegen Sie, mit wem Sie zusammenarbeiten wollen. Wer gibt Ihnen Kraft?

_____

_____

_____

_____

_____

_____

Wenn Sie noch nicht so genau wissen, wie Ihre Gründung funktionieren soll, hat Faltin noch einen entscheidenden Hinweis für Sie:»Nicht in allen Bereichen fressen die Schnellen die Langsamen«, schreibt er.»Eher gewinnen die gut Vorbereiteten und mit professionellen Partnern Arbeitenden über die Aufgeregten, Alles-im-eigenen-Haus-Organisierenden, Überarbeiteten.«

Gründen Sie Ihr Team

Ob Sie allein oder mit anderen zusammen ein Unternehmen gründen, ob Sie ein Traumjob-Patchwork aus mehreren freiberuflichen Tätigkeiten erfinden oder fortan mit zwei schönen Jobs Tandem fahren – in jedem Fall gewinnen Sie, wenn Sie sich mit anderen Traumjobsuchern zusammenschließen.

Treffen Sie sich regelmäßig und tauschen Sie sich aus. Der Weg, den Sie alle beschreiten, kann ja ziemlich steinig und abenteuerlich sein. Da ist es gut, wenn Sie sich mit Gleichgesinnten austauschen, wenn Sie sich gegenseitig ermutigen, Schwierigkeiten gemeinsam überwinden und Erfolge zusammen feiern können.

Job-Patchworker-Gruppe: Gründen Sie eine eigene Gruppe, die sich regelmäßig in einem Café trifft. Besprechen Sie untereinander, wie genau Sie zusammen arbeiten wollen. Jeder Fall ist einzigartig, deshalb halte ich nichts von starren Vorgaben für diese Gruppentreffen. Sie können sich natürlich auch an bestehende Gruppen anschließen und von dem dort bereits gesammelten Know-how profitieren.

Wirtschaftsjunioren: Die überparteilich organisierten Wirtschaftsjunioren sind mit rund 10 000 aktiven Mitgliedern der größte Verband junger Unternehmer und Führungskräfte in Deutschland. Die Mitglieder sind zwischen 18 und 40 Jahre alt. Sie setzen sich ein für»eine Gesellschaft (...), in der sich Leistung und Unternehmertum lohnen und gewürdigt werden und in der Familie und Beruf miteinander vereinbar sind«. Angeboten werden unter anderem ein Seminarprogramm und die Möglichkeit, sich ehrenamtlich einzubringen.

Mensa in Deutschland e. V. (MinD): Erfahrungsgemäß finden sich überdurchschnittlich viele hochbegabte Menschen unter den Multijobbern. Sie haben oft das Problem, dass andere nicht recht verstehen, was sie tun, warum sie es tun, warum es so viel auf einmal ist und wie das alles zusammenpasst. Da kann es gut tun, sich mit anderen Hochbegabten auszutauschen – zum Beispiel im Netzwerk *Mensa*, einem weltweiten Verein für hochbegabte Menschen mit 110 000 Mitgliedern aus allen Alters- und Bevölkerungsgruppen, davon 10 000 in Deutschland. Mensa hat zum Ziel, hochintelligente Menschen zu vernetzen – über lokale, überregionale und internationale Treffen, Interessens- und Diskussionsgruppen. Wenn Sie nicht wissen, ob Sie hochbegabt sind oder nicht, machen Sie einfach mal einen Intelligenztest (zum Beispiel über www. mensa.de). Rund 1,6 Millionen Deutsche sind hochbegabt – aber nur die wenigsten wissen davon. Vielleicht sind Sie ja auch dabei?

Kaffeepause 24
Wen möchte ich in meinem Team haben?

Ob Sie nun selbst eine Gruppe gründen oder sich einer bestehenden Vereinigung anschließen: Mit wem wollen Sie sich austauschen? Wer kann gut Probleme lösen? Wer gibt Ihnen Kraft?

_____

_____

_____

_____

_____

Erkenntnisse:
Ihre persönlichen Vorbilder

Gratulation: Sie haben die nächste Etappe bewältigt. Dann geht es jetzt in die Endrunde: Sie stellen Ihr Patchwork-Konzept fertig und starten in Ihr neues Leben!

Kapitel V

Selbstverwirklichung: Starten Sie Ihr Job-Patchwork-Leben

»Du kannst nicht zwei Pferde mit einem Hintern reiten«, das soll der amerikanische Filmregisseur Woody Allen gesagt haben. Daraus könnte man schnell folgern, dass mehrere Jobs auf einmal gar nicht möglich sind. Das ist aber die falsche Schlussfolgerung. Richtig ist: Es kommt darauf an, die verschiedenen Jobs so ineinander zu verschränken, bis das Patchwork sich zu *einer* Gestalt schließt. Also: Spitzen Sie Ihre Idee so weit zu, dass Sie diese in einem einzigen Satz erklären können.

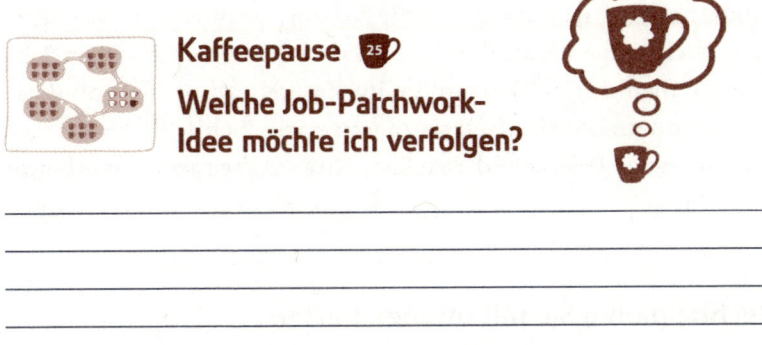

Kaffeepause 25

Welche Job-Patchwork-Idee möchte ich verfolgen?

_____

_____

_____

_____

_____

»Das ist doch bestimmt verboten?«, denken Sie jetzt vielleicht. Oder: »Die Sache hat irgendwo einen Haken. Das kann gar nicht gehen!« Werfen Sie jetzt nicht die Flinte ins Korn! Denn die Grenzen für Ihre Selbstverwirklichung liegen oft nicht in den äußeren Rahmenbedingungen.

Selbstverwirklichung

Das größte Missverständnis in Bezug auf die Selbstverwirklichung liegt darin, dass viele Menschen im ersten Schritt ihr Selbst suchen, um es im zweiten Schritt zu verwirklichen. Viele werden auf diese Weise nicht fündig und drehen sich fortan nur noch um sich selbst. Produktiver ist es, etwas Konkretes zu tun, über dieses Tun wirksam zu werden und sich so zu verwirklichen.

Es geht mehr, als Sie denken

Natürlich können Sie drei verschiedene Jobs nebeneinander haben. Oder sieben. Das ist erlaubt. Im Arbeitsvertrag steht allerdings manchmal eine Klausel, die Nebenjobs untersagt. Das heißt aber noch lange nicht, dass Sie wirklich keine zusätzlichen Jobs übernehmen dürfen. Lassen Sie im Zweifelsfall prüfen, ob diese Klausel unzulässig ist, weil sie zu weit reicht. Schließlich geht das, was Sie nach Feierabend machen, Ihren Arbeitgeber überhaupt nichts an.

Recht: Spielen Sie mit offenen Karten

Zulässig sind oftmals aber Klauseln, mit denen Sie verpflichtet werden, Ihren Chef über Nebentätigkeiten zu informieren. Ihr Vorgesetzter kann Ihnen dann Ihre Nebenjobs noch immer nicht automatisch verbieten. Das darf er nur dann, wenn seine Interessen als Arbeitgeber dadurch berührt werden.

Zum Beispiel, wenn Sie in Ihrem zweiten oder dritten Job nachts arbeiten und dann tagsüber müde durch sein Unternehmen schleichen. Das geht natürlich nicht. Auch nicht erlaubt ist es zumeist, wenn Sie offiziell Urlaub nehmen, um inoffiziell in anderen Jobs zu arbeiten. Wenn Sie schon Urlaub machen, dann sollen Sie sich auch erholen. Sonst leidet Ihre *Arbeitsfähigkeit*, und das muss sich kein Arbeitgeber zumuten lassen.

Wenn Sie in Ihrem Nebenjob für die direkte *Konkurrenz* tätig oder selbst zum Mitbewerber werden, kann Ihnen Ihr Arbeitgeber das Multijobbing ebenfalls verbieten.

Also: Sorgen Sie für klare Verhältnisse. Sprechen Sie im Zweifelsfall mit Ihrem Chef oder mit einem Arbeitsrechtler. Die Erfahrung zeigt, dass Sie am besten fahren, wenn Sie mit offenen Karten spielen.

Zeit: Arbeiten Sie doch, so lange Sie wollen

Das offizielle Arbeitszeitgesetz regelt, dass Ihre Arbeitszeit täglich acht Stunden je Werktag, also insgesamt 48 Stunden pro Woche, nicht überschreiten darf (auch der Samstag zählt als Werktag). Die tägliche Arbeitszeit kann dabei bis auf zehn Stunden ausgedehnt werden, sofern innerhalb von sechs Monaten beziehungsweise 24 Wochen im Durchschnitt acht Stunden werktäglich nicht überschritten werden.

Diese Regelung ist natürlich sinnvoll, damit kein Arbeitgeber von Ihnen verlangen kann, dass Sie 16 oder 20 Stunden pro Tag arbeiten. Immer. Ohne Pause.

Aber was ist, wenn Sie eine so gute Idee haben, dass Sie daran jeden Tag 14 Stunden lange arbeiten wollen? Oder wenn Sie nach einer sehr kreativen Phase eine Zeit lang jeden Tag nur drei Stunden arbeiten wollen? So etwas kann die offizielle Regelung natürlich nicht berücksichtigen. Aber Sie können es tun. Machen Sie sich frei von der Vorstellung eines regelmäßigen 8-Stunden-Tages. Sie sind doch kein Roboter.

Übrigens: Eine tägliche oder wöchentliche Höchstarbeitszeit müssen Sie ohnehin nicht beachten, wenn Sie Ihre Multijobs auf selbstständiger Basis ausüben.

Ämter: Wer informiert werden will

Solange Sie mehrere Jobs als Angestellter oder Minijobber haben, brauchen Sie sich kaum um Ämter zu kümmern. Außer um das Finanzamt natürlich. Sobald Sie sich aber nebenberuflich selbstständig machen, geht es los mit der Bürokratie. Am besten informieren Sie sich jeweils vor Ort, was Sie wo melden müssen. An dieser Stelle gebe ich Ihnen nur einen ganz groben Überblick:

Gewerbeämter: Wenn Sie einen Betrieb (also ein Gewerbe oder ein Handwerksunternehmen) gründen, und sei es noch so klein und nur für den Nebenerwerb gedacht, müssen Sie diesen beim Gewerbeamt anmelden. Machen Sie sich allerdings als Freiberufler selbstständig, gilt das nicht. Dazu ein Beispiel: Eröffnen Sie einen Fotoladen, dann müssen Sie diesen dem Gewerbeamt melden. Werden Sie aber als freier Fotograf tätig, brauchen Sie das nicht zu tun.

Kammern: Mit der Meldung beim Gewerbeamt wird Ihr Unternehmen automatisch Mitglied der örtlichen Industrie- und Handelskammer (IHK) oder Handwerkskammer (HWK). Das heißt: Sie müssen auch Mitgliedsbeiträge zahlen. Klein- und Kleinstunternehmen sind allerdings beitragsfrei, wenn ihr Gewinn 5 200 Euro nicht übersteigt (genauer nachzulesen im IHKG § 3, Stand Mai 2013).

Für einige freie Berufe gilt eine Pflichtmitgliedschaft in einer zuständigen Kammer. Dazu zählen Ärzte, Zahnärzte, Tierärzte, Apotheker, Notare, Rechtsanwälte, Patentanwälte, Steuerberater, Wirtschaftsprüfer, Architekten und beratende Ingenieure.

Freiberufler ohne Pflichtmitgliedschaft können bei ihrer Kammer einen Antrag stellen. Wer wo welchen Antrag stellen kann oder welchen Nachweis erbringen muss, erfahren Sie beim Bundesverband Freie Berufe (BFB, www.freie-berufe.de) sowie beim Institut für Freie Berufe an der Friedrich-Alexander-Universität Nürnberg (IFB, www.ifb.uni-erlangen.de).

Familie und Freunde: Machen Sie, was Sie wollen!

Für viele Traumjobsuchende und Traumjob-Patchworker stellt das »Outing« gegenüber der eigenen Familie eine riesige Hürde dar. »Was wird wohl mein Vater sagen, wenn ich meinen unbefristeten Job kündige?« Glauben Sie mir, diesen Satz höre ich oft von Menschen, die ihren 30. oder auch schon ihren 40. Geburtstag hinter sich haben. Was können Sie tun?

Das kommt ganz auf Ihren Einzelfall an. In manchen Familien hilft es, wenn Sie erst mit der Sprache herausrücken, wenn Sie Ihren kompletten Plan in trockenen Tüchern haben. Vielleicht ist es auch sinnvoll, sich einen guten Freund als Geleitschutz mitzunehmen, wenn Sie Ihren Plan verkünden. Oder Sie schreiben erst einmal einen Brief, lassen diesen eine kurze Zeit wirken und suchen das Gespräch erst, wenn sich die Gemüter beruhigt haben. Sehen Sie gar kein Land, dann suchen Sie sich Hilfe bei einem professionellen Berater. Gute Hilfe hilft!

Finanzen: Trägt Ihre Idee?

Um zu testen, ob Ihre Idee wirklich wasserdicht ist, können Sie die sogenannte Walt-Disney-Methode anwenden. Dazu brauchen Sie drei Gesprächspartner, die folgende Rollen spielen: Visionär, Kritiker und Realist. Eine vierte Person kann die Rolle eines neutralen Beobachters oder Beraters übernehmen. Es funktioniert auch ohne Person Nummer Vier, die Erfahrung zeigt aber, dass es mit der vierten Person noch besser klappt.

Wollen Sie die 26. Kaffeepause aber sofort abhalten, ohne zuerst nach Gesprächspartern zu suchen, dann spielen Sie alle Rollen selbst. Das geht zur Not auch. Argumentieren Sie aus den unterschiedlichen Blickwinkeln heraus.

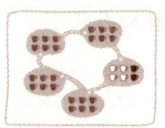

Kaffeepause

So sieht meine Idee aus verschiedenen Blickwinkeln aus

1. Der Visionär ist von meiner Idee begeistert, weil

_____

_____

_____

2. Der Kritiker gibt zu bedenken, dass

_____

_____

_____

3. Der Realist bemerkt, dass

_____

_____

_____

4. Der Berater empfiehlt, folgende Punkte zu berücksichtigen

_____

_____

_____

Wenn sich Ihr Patchwork-Muster jetzt durch neue Einsichten verändert, dann passen Sie es nun offiziell an. Bilden Sie einen neuen Satz, der Ihre Idee auf den Punkt bringt, und/oder zeichnen Sie ein neues Bild.

Banken? Brauchen wir gar nicht

Von Professor Faltin haben wir gelernt, dass wir mehr Kopf als Kapital brauchen, um erfolgreich zu sein. Aus der Musik- und

Filmindustrie können wir jetzt lernen, dass wir – falls wir doch Startgeld brauchen – nicht mehr frisch gebügelt zur Bank laufen müssen. Es geht heute viel einfacher. Das Zauberwort heißt *Crowdfunding*, manche sprechen auch von *Crowdinvesting*.

Dieses Wort setzt sich zusammen aus *Crowd* für Menge, Menschenauflauf und *Funding* für Geld einsammeln bzw. *Investing* für Geld investieren. Das Prinzip ist einfach: Ein Gründer stellt sein Vorhaben auf einer der zahlreichen Crowdfunding-Plattformen vor. Im Idealfall begeistert er so viele User, dass er innerhalb weniger Tage die gewünschte Summe eingesammelt hat. Läuft es nicht so gut, wird die vom Gründer selbst gesetzte Geldhürde also nicht überwunden, dann zahlt er jedem sein Geld zurück.

Die deutschsprachigen Plattformen heißen zum Beispiel Startnext und Vision Bakery. Spenden für soziale Projekte werden eingesammelt über Betterplace oder Helpedia.

Nach Berechnungen der Plattform www.fuer-gruender.de kamen im Jahr 2012 knapp 2 Millionen Euro durch Crowdfunding in Deutschland für kreative Projekte zusammen. Allein im ersten Quartal 2013 wurden schon über 1 Million Euro gesammelt. Für das gesamte Jahr 2013 gehen die Gründerexperten von einer Kapitalsumme in Höhe von 5 bis 6 Millionen Euro aus.

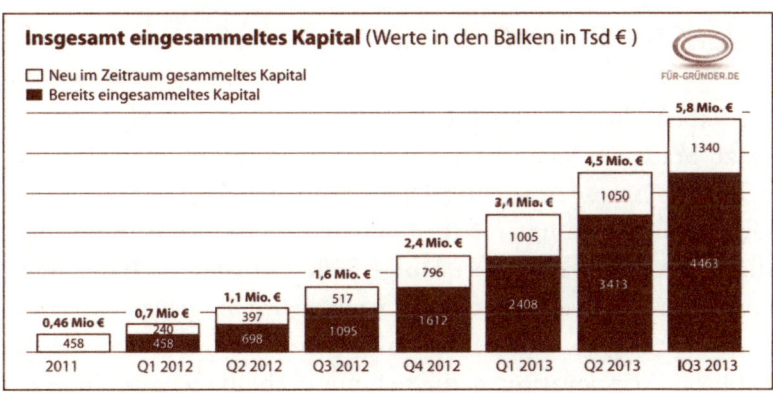

Quelle: www.fuer-gruender.de

Haben Sie auch keine Lust, als Bittsteller bei einer Bank aufzutreten? Wollen Sie lieber als Problemlöser Ihre Zielgruppe überzeugen? Dann stöbern Sie mal im Internet, welche Crowdfunding-Plattform für Sie interessant sein könnte.

Kaffeepause 27

So finde ich Geld für mein Projekt

_____
_____
_____
_____
_____
_____

Jetzt bleibt mir nur noch zu sagen:

Geschafft!!!

Feiern Sie Ihren Genius!

Sie haben alle Prüfungen bestanden. Jetzt können Sie abheben. Dazu brauchen Sie nur noch den richtigen Wind unter den Flügeln. Das Timing ist wichtig. Denn wenn Sie beim Start mit zu viel Gegenwind zu kämpfen haben, müssen Sie viel Kraft investieren, die Ihnen dann für andere Dinge fehlt. Oft dreht sich der Wind von allein. Und wenn Sie dann starten, heben Sie gleich in die richtige Richtung ab. Glauben Sie nicht? Denken Sie nur an die vielen Produktinnovationen, die sich nur deshalb nicht durchsetzen konnten, weil sie einen Augenblick zu früh oder zu spät kamen.

»Große Wendungen werden nicht immer durch starke
Hände herbeigeführt, sondern durch ein glückliches
Zugreifen im geeigneten Augenblick.«

Jonathan Swift, irischer Schriftsteller, 1667 bis 1745

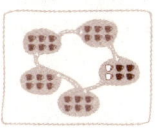 **Kaffeepause** 28

**Wann starte ich in mein
Job-Patchwork-Leben?**

_____

_____

_____

Heute geht's los

»Jetzt«, antwortet Paula, als ich sie nach dem Startpunkt für ihr
Job-Patchwork-Leben frage. Tatsächlich kann Paula sofort los-
legen. Denn für ihre Ideen braucht sie kein Extrageld. Sie will
lediglich mit einem Steuerberater sprechen, um von Anfang an
zu wissen, was sie wie abrechnen muss. Außerdem will sie nach
Musikernetzwerken schauen, die sie noch nicht kennt – Berlin ist

voll davon, und das Internet erst recht. Wer sagt denn, dass ihre Ideen auf Berlin beschränkt sein müssen? »Hey, die Welt steht mir offen – hier komme ich!«, ruft Paula. Sie stürmt aus dem Café hinaus und hinein in ihr neues Leben.

Wie geht es Ihnen? Sind Sie startklar? Oder schwirrt Ihnen der Kopf? Dann ist es gut, wenn Sie hier noch einmal Ihre wichtigsten Erkenntnisse zusammenfassen.

Kaffeepause 29

Rückblick: Das sind meine wichtigsten Erkenntnisse aus den Kaffeepausen:

_____
_____
_____
_____
_____
_____
_____
_____
_____
_____
_____
_____
_____
_____
_____
_____
_____
_____
_____

Herzlichen Glückwunsch!

Jetzt ist es Zeit, Ihrem Genius zu gratulieren. Er hat Sie durch das gesamte Buch geführt, Ihnen bei der Gestaltung Ihres individuellen Job-Patchworks über die Schulter geschaut und sich hoffentlich sehr gefreut, dass er sich in Ihrem Leben nun endlich entfalten darf.

Wenn Sie mögen, können Sie die vielen Kaffeetassen jetzt in die Spülmaschine räumen und sich ein Champagnerglas nehmen. Prosten Sie Ihrem Genius zu, bedanken Sie sich bei ihm, feiern Sie den Start in Ihr neues, buntes Job-Patchwork-Leben. Am besten mit vielen anderen Multi-Traumjobbern zusammen!

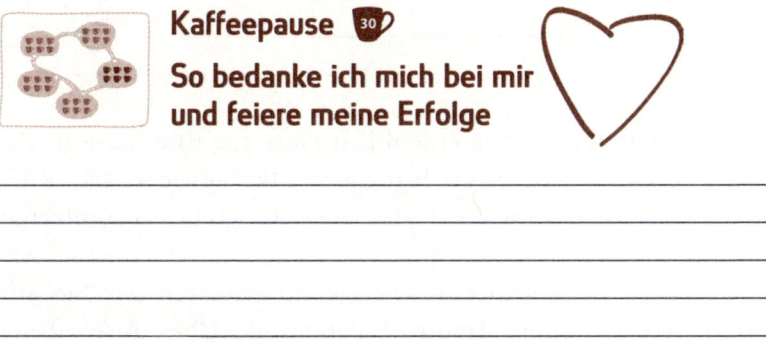

Kaffeepause 30

So bedanke ich mich bei mir und feiere meine Erfolge

_____

_____

_____

_____

_____

Erkenntnisse:
Ihr persönlicher Weg

_____

_____

_____

_____

_____

_____

_____

_____

_____

_____

_____

_____

_____

_____

Ich wünsche Ihnen alles erdenklich Gute für Ihre Reise in Ihr neues Leben. Lassen Sie es sich gut gehen! Bis Sie wieder den »Ruf« hören und Ihr Genius gerne eine neue Reiseroute ausprobieren möchte.

Übrigens: Im Berliner Talentcafé unterstützen wir Sie auf Ihrem Weg zu Ihrem Traumjob-Patchwork. Über unsere Seite www.talentcafe.de können Sie direkt Termine vereinbaren oder sich über aktuelle Arbeitsmaterialien informieren – viele davon können Sie sogar sofort herunterladen.

Gerne stehen wir auch nach der Beratung für einen Austausch zur Verfügung – per Mail, über soziale Netzwerke und über viele andere Wege, die Sie lieben. Ach, gerade meldet sich Paula via SMS: »Hallo Beate, gerade habe ich beschlossen, zusammen mit meinem Freund erst einmal drei Monate in die USA zu gehen. Ich habe vor, dort frische Impulse zu Trends in der Musikbranche zu sammeln. Und natürlich mache ich auch jede Menge Urlaub. Mal sehen, wie sich dadurch meine Idee weiterentwickelt. Ich melde mich!«

Ausblick

Erfolgsgeschichten – eine Investition in unsere Zukunft

Schreibt Ihr Leben erfolgreich Geschichte? Was wir jeden Tag sehen, hängt von uns selbst ab! Dabei beginnt jede Geschichte mit großen Wünschen. Was wir davon preisgeben und was wir uns selbst eingestehen und wie wir die Dinge interpretieren, liegt in unseren Händen. Wir zeigen an dieser Stelle gelungene Job-Patchwork-Leben. Erfolgsgeschichten helfen uns, das Leben einmal mit anderen Augen zu sehen, sich wieder etwas zu trauen, Mut zu fassen! Geschichten über das Scheitern gibt es viele. Hier finden Sie die besten Beispiele dafür, dass man viele Jobs gleichzeitig haben kann – und dass diese Vielfalt glücklich macht!

10 Erfolgsgeschichten

1. Erfolgsgeschichte: Alex, der Doppeljobber

Alexander hat zwei Lieblingsberufe, die kaum unterschiedlicher sein könnten: Physiotherapie und Eventmanagement. Viele Jahre lang wusste er nicht, für welchen Beruf er sich entscheiden soll. Jetzt hat er seine Antwort gefunden: für beide.

Alexander, 30 Jahre

Traumjobs
1. *Physiotherapeut:* angestellt
2. *Eventmanager:* selbstständig

Profil

1. *Lieblingstalente*: Alexanders Genius hat sehr feine Antennen für andere Menschen. In der Physiotherapie spürt er gleich, wo jemand Schmerzen oder Verspannungen hat – und wo die Ursa-

chen liegen könnten. Im Eventmanagement fällt es ihm leicht, einen passenden Ort auszuwählen und die richtigen Rahmenbedingungen zu schaffen, damit sich alle Besucher wohlfühlen.

2. *Lieblingsmenschen*: Alexanders Genius blüht auf, wenn er mit lebensfrohen Menschen zusammen ist, die sich gerne bewegen und die gerne etwas erleben. Es müssen nicht die lauten Typen sein – Alexander bevorzugt die stillen, sensiblen Genießer.

3. *Lieblingsorte*: Doppeljobber wie Alexander sind in pulsierenden Städten am besten aufgehoben – in ländlichen Regionen trifft man sie eher selten. Alexanders Genius liebt Köln. Durch die große Sporthochschule zieht Köln viele Sportler an, außerdem wird hier gern und ausgiebig gefeiert.

Kindheit

Alexander ist in einem kleinen Dorf in Westfalen aufgewachsen. In der Schule war er nicht besonders gut, nur Sport machte ihm immer Spaß – und zwar nicht nur in der Praxis, sondern auch in der Theorie. Zum Glück konnte er in der Oberstufe Sport als Leistungskurs belegen. »Trainingslehre« und »Anatomie« faszinierten ihn sehr. In der 13. Klasse übernahm er mit einem Schülerteam die Organisation der Abiturfeier. Eine Erfahrung, die sein gesamtes Leben prägen sollte. Organisieren machte ihm Spaß! Er agierte eher im Hintergrund, die Fäden liefen aber in seiner Hand zusammen. Er verwaltete das Budget, handelte Verträge und Versicherungen aus und wusste immer, wo er Rat holen konnte, wenn es an einem Punkt nicht mehr weiterlief.

Ausbildung

Weil er keine Lust auf ein Studium hatte, absolvierte Alexander eine Ausbildung als Physiotherapeut. Hier hatte er immer noch etwas mit Sport zu tun, seinem früheren Lieblingsfach. Sein Job machte ihm Spaß, aber sein Leben war ziemlich langweilig. Da beschloss Alexander, zusammen mit seiner Freundin nach Köln zu gehen. Hier einen neuen Job zu finden, war nicht schwer.

Start mit einem Job

In Köln blühte Alexanders Genius auf. Er genoss das Stadtleben in vollen Zügen: die großen Sportveranstaltungen, die Konzerte, den Jazz am Rheinufer. Nach und nach baute er sich einen neuen Freundeskreis auf. Es dauerte nicht lange, da hatte sich Alexanders Organisationstalent herumgesprochen.

Weiterentwicklung mit zwei Jobs

»Wenn ich als Physiotherapeut in der Praxis arbeite, habe ich immer im Kopf, was ich noch alles für das nächste Event organisieren muss«, erzählt mir Alexander im Coaching. »Ich glaube, ich höre lieber auf mit der Physiotherapie und mache nur noch Events.« »Macht dir Physiotherapie keinen Spaß mehr?«, hake ich nach. »Doch, absolut! Einen besseren Job könnte ich nicht haben. Ich bin außerdem richtig gut«, grinst Alexander. »Aber mein anderer Traumjob, Eventmanagement, zieht mich irgendwie raus aus der Praxis.« »Ist dein Kundenkreis denn so groß, dass du sofort davon leben kannst?«, frage ich nach. »Nein, noch nicht. Aber wie soll ich meinen Kundenkreis aufbauen, wenn ich dauernd in der Praxis stehe?«, schießt Alexander zurück. »Ich sag dir mal ein Zauberwort«, versuche ich ihn zu besänftigen. »Das Zauberwort heißt: Halbtagsjob.« »Das ist doch was für Mütter!«, schimpft Alexander. »Nicht nur«, kontere ich. »Das ist etwas für Doppeljobber. Und so, wie ich dich hier erlebe, brauchst du zwei Jobs, um glücklich zu sein. Warum also nicht vormittags als Physiotherapeut arbeiten und am Nachmittag als Eventmanager?« »Und wie soll ich das meinen Kunden erklären?« »Den Kunden, die du gut leiden kannst, sagst du gerade heraus, wie es ist. Und den anderen sagst du, du bist jeweils ab 14 Uhr erreichbar, ansonsten in Meetings. Klingt doch gut, oder?« Alexander zieht die Nase kraus, lacht dann und nickt.

Perspektiven

Nach unserem Gespräch ist es Alexander wirklich gelungen, seinen Vollzeitjob als Physiotherapeut in einen Halbtagsjob umzuwandeln. Er musste zwar ein Vierteljahr darauf warten – aber das machte nichts. In dieser Zeit richtete sich Alexander zu Hause ein Büro ein, in dem er die Kunden seiner Eventmanagement-Agentur empfangen kann. Wenn das Eventgeschäft gut läuft, kann sich Alexander vorstellen, sich auch als Physiotherapeut selbstständig zu machen. »Ich habe etliche Stammkunden, die wegen chronischer Rückenprobleme zu mir kommen. Die würden sicher weiter kommen«, ist der Doppeljobber überzeugt. »Ich könnte ja mit mobiler Massagebank und Trainingsgeräten auch zu den Leuten nach Hause kommen – das ist sogar eine Marktlücke«, überlegt er weiter. »Übrigens«, sagt er dann, »ich habe etwas ganz Wichtiges in Köln gelernt: Et kütt wie et kütt, un et hätt' noch emmer joot jejange.«

2. Erfolgsgeschichte: Steffi: Neugier als Beruf

 Steffi ist Radiomoderatorin, außerdem Produzentin für Hörbücher. Weil sie nicht genug bekommen kann von guten Storys und gerne mehr darüber wissen möchte, warum Hörer Geschichten spannend finden, studiert sie jetzt Psychologie. Dass sie außerdem ihr Kind betreut, empfindet sie nicht als zusätzliche Belastung. »Mama ist kein Job«, sagt sie.

Steffi, 32 Jahre, 1 Kind

Traumjobs
1. *Moderatorin*: »feste Freie«
2. *Hörbuch-Produzentin*: selbstständig
3. *Psychologin*: Studentin

Profil

1. *Lieblingstalente*: Steffis Genius ist vor allem neugierig. Er liebt Gespräche über alles und brennt darauf, den Genius seines Gegenübers zu entdecken. Er lässt nicht locker, bis er ein Gespür dafür entwickelt hat, wie der andere tickt – und warum das so sein könnte.
2. *Lieblingsmenschen*: Die meisten Kollegen beim Radio und in der Hörbuchproduktion sind Steffi sehr sympathisch. Viele sind irgendwann in diesen Beruf hineingerutscht, weil sie neugierig sind, Geschichten lieben und Musik; fast niemand hat explizit »Radio« studiert, viele haben nebenher noch andere Jobs wie Kontrabassist, Kampfkunsttrainer oder DJ.
3. *Lieblingsorte*: Steffi ist durch und durch ein Studiomensch. Sie liebt die Tontechnik und die Stimmung im Studio, die zwischen höchster Konzentration und ausgelassenem Schabernack schwankt.

Kindheit

Steffi kommt aus einem betont bildungsbürgerlichen Elternhaus. Sie hatte schon deshalb keine Lust, in der Schule fleißig zu sein. Mit 15 Jahren war ihr völlig klar, dass sie mit größtem Vergnügen eine Karriere anstrebt, die ihre Eltern höchstens als »brotlos« bezeichnen würden.

Ausbildung

Eher lustlos begann Steffi dennoch ein Studium der Germanistik, ergriff dann aber die erstbeste Chance zu einem Praktikum beim Rundfunk. »Ich wusste sofort: Das ist es!«, erinnert sie sich. Sie blieb noch eine Weile als Studentin eingeschrieben, um Fassade und Finanzierung aufrechtzuerhalten. Nach zwei Jahren hatte sie sich als feste Freie bei einem Berliner Radiosender aber so weit etabliert, dass sie von diesem Job leben konnte. Sie kehrte der Uni den Rücken und scherte sich nicht um das Entsetzen ihrer Eltern.

Start mit mehreren Jobs

Nach weiteren zwei Jahren hatte sie sich einen Namen als Moderatorin gemacht. Parallel startete sie mit der Produktion von Hörbüchern. Hier kam ihr die rasante Veränderung der Verlagslandschaft entgegen, in der plötzlich immer mehr Hörbücher verlangt wurden.

Ihre beiden Jobs liefen wirklich prima, als Steffi ihre Tochter bekam und sich kurz nach der Geburt von ihrem Partner trennte. Natürlich war das hart, doch Steffi ließ den Mut nicht sinken. Sie schraubte ihren Moderatorenjob zurück und arbeitete in jeder Schlafminute ihres Babys an ihren Hörbüchern weiter. Nach einem Jahr ging ihre Kleine in die Krippe, sodass Steffi vormittags wieder moderieren konnte. An den Tagen, die ihre Tochter mit ihrem Vater verbrachte, produzierte sie weiter Hörbücher. Und merkte bald: Das reicht ihr nicht.

Neustart an der Uni

»Ich glaube, ich habe mich viele Jahre lang gegen den Lebenslauf gewehrt, der in meiner Familie als normal galt: Schule, Universität, Promotion, dann irgendeine ›höhere Laufbahn‹«, grübelt

Steffi im Beratungsgespräch. »Deshalb habe ich nicht studiert. Aber jetzt will ich doch alles wissen, was ich in der Uni hätte lernen können: Wie funktionieren Spannungsbögen in Geschichten? Welche Wandlungen muss ein Held durchleben, damit eine Story wirklich gut wird? Warum gehen Menschen so unterschiedlich mit Konflikten um? Und warum tickt der eine so und der andere ganz anders?« Steffi redete sich richtig in Fahrt. »Ich will aber nicht nur die Inhalte, ich will jetzt auch das *magic paper* – den Uni-Abschluss«, findet sie heraus. Sie entscheidet sich für ein Psychologiestudium.

Perspektiven

Nicht, um sich dem Willen der Eltern so spät doch noch zu beugen, sondern, um noch mehr Freiheiten in der Traumjobwahl zu haben. Einer studierten Psychologin öffnen sich sowohl im Rundfunk als auch in der Verlagslandschaft mehr Türen als einer alleinerziehenden, abgebrochenen Germanistikstudentin, die zufällig mit einem Aufnahmegerät umgehen kann.

Dazu kommt aber noch ein Aspekt, den man vielleicht als »therapeutisch« bezeichnen kann. Wer, wie Steffi, ein kleines Mädchen heranwachsen sieht, wird zwangsläufig wieder mit den Knackpunkten der eigenen Biografie konfrontiert. Oft klären sich auf diese Weise viele Fragen, bei Steffi tauchten aber noch mehr Fragen auf. Fragen, die sie noch neugieriger gemacht haben, und die sie im Laufe ihres Studiums klären möchte.

Vielleicht mit dem Ziel, dass ihre eigene Tochter nicht, wie sie selbst, aus Trotz so lange einen Anti-Kurs fährt, bis sie ihren eigenen Weg findet, sondern gleich auf die richtige Traumjobkombination kommt? »Ich will keins meiner Berufsjahre missen«, sagt Steffi. »Wenn ich diese Jahre der Suche so nicht durchlebt hätte, dann wäre ich ja heute nicht an dem Punkt angekommen, an dem ich stehe. Und dieser Punkt gefällt mir sehr gut!«

3. Erfolgsgeschichte: Carsten, multithematisch unterwegs

 Kam die Frage »Und was machst du so?«, holte Carsten Hennig aus Frankfurt am Main früher erst einmal tief Luft, bevor er mit Erläuterungen begann. Heute beschränkt er sich auf die Antwort »Führungscoach und Personalentwickler«. Das lässt sich leichter vermitteln als das komplette Traumjobprogramm.

Carsten, 42 Jahre alt, zwei Kinder

Traumjobs
1. *Coach und Organisationsentwickler*: selbstständig
2. *Fachgruppengründer und -sprecher »Humane Arbeit und Burn-out-Prävention«*: Experte
3. *Medienwissenschaftler*: Experte
4. *Ausbilder von Pfadfinder-Gruppenleitern*: Ehrenamt

Profil

1. *Lieblingstalente*: Carstens Genius zeichnet sich durch besonders ausgeprägte Sinne aus: Carsten sieht viel und schnell, das ist nicht nur für die Medienwissenschaft hilfreich. Er hört sehr genau heraus, wo es bei seinem Gegenüber klemmt. Als Berater schaltet er immer schnell seinen logischen Genius dazu, mit dem er komplizierte Sachverhalte schnell und klar erkennen kann. Weil seinem sinnlichen Genius das längst nicht ausreicht, kocht Carsten leidenschaftlich, er tanzt sehr gut und genießt zusammen mit den Pfadfindern nationale und internationale Begegnungen.
2. *Lieblingsmenschen*: Am liebsten arbeitet Carsten mit Menschen zusammen, die bekennende Genussmenschen *und* klare Rationalisten sind.

3. *Lieblingsorte*: Carsten liebt den Genius Loci von Frankfurt/ Main. Hier pendelt er zwischen seiner hellen Wohnung, seinem Büro in der Parallelstraße und seinem Lieblingscafé, das noch eine Straße weiter liegt. Bei schönem Wetter verwandelt er sich in einen Wanderarbeiter, der mit seinem Minicomputer in der Stadt unterwegs ist, um zuerst am Main, dann im Park und schließlich doch wieder im Lieblingscafé zu arbeiten – oder sich durch einen Abstecher in eines der Frankfurter Museen inspirieren zu lassen.

Kindheit

Als Schüler glaubte Carsten, ein geborener Mathematiker zu sein. Genau wie sein bester Freund, mit dem zusammen er seit seinem neunten Lebensjahr mit einer Pfadfindergruppe im Taunus unterwegs war. In der elften Klasse ging Carsten für ein Jahr in die USA – und damit änderte sich alles. Er stellte fest, dass er im Fach Englisch mit den besten Klassenkameraden mithalten konnte und entdeckte seine Liebe für das Kino. Er knüpfte außerdem enge Freundschaften mit amerikanischen Klassenkameraden und mit japanischen Austauschschülern, die er auf seinen Reisen regelmäßig besuchte. All dies hielt er zunächst für neue Ausprägungen seiner Hobbys.

Ausbildung

Nach dem Abitur studierte Carsten Mathematik – wie seit vielen Jahren geplant, außerdem Physik und Philosophie. »Ich habe noch nie etwas getan, was so faszinierend, aber gleichzeitig so abgehoben war«, erzählt er. Nach zwei Semestern hängte er das Studium an den Nagel und wechselte zu Filmwissenschaft, Soziologie und Psychologie. Parallel absolvierte er ein praktisches Filmstudium in New York. Sein Genius blühte auf, er setzte sich nach seiner Rückkehr aus den USA bis zum Ende seines Studiums für die Finanzierung und Durchführung studentischer Medienprojekte ein, schrieb Anträge, leitete Workshops und organisierte Referenten. Zwischendurch führten ihn Reiselust, Lernfreude und Neugier für ein Semester nach Frankreich: »Ich wollte herausfinden, ob man sich durch ein einsemestriges Sprachstudium vom blutigen Sprachanfänger auf Universitätsniveau hocharbeiten kann«, lacht Carsten, der sich in der Normandie mit einem Spitzenkoch anfreundete und dort weiter an seinen Kochkünsten feilte.

Um Geld für sein Studium zu verdienen, arbeitete Carsten nicht nur gleichzeitig für ein Jugendamt, für die Universität und als Übersetzer, sondern auch bei einem Anbieter von Personal- und Outdoor-Events, wobei ihm seine Erfahrungen als Pfadfinder-Gruppenleiter zugutekamen. Der Job machte ihm viel Spaß – doch Carsten sah schnell, dass ein wirklich effektives Team- und Führungskräftetraining sehr viel mehr sein muss, als »gemeinsam von Ast zu Ast zu schwingen«. Deshalb nahm er das Fach Wirtschaftspädagogik in seinen Stundenplan auf.

Zum Ausgleich brachte er seine Talente als Techniker in studentischen Theatergruppen und bei internationalen Filmprojekten ein und absolvierte Praktika bei verschiedenen Medienunternehmen. »Ich wollte sichergehen, ob nicht doch eine Arbeit in der Medienbranche für mich interessanter sein könnte als die Personalentwicklung.«

Start mit einem Job

Nach seinem Uni-Abschluss arbeitete Carsten als fester freier Mitarbeiter bei einem Trainings- und Eventanbieter. Er entwickelte Teambuilding-Konzepte und war auch weiter als Personalentwickler im Einsatz. Fast jeden Morgen fuhr er hoch in den Taunus, am Abend wieder zurück in die Stadt. Seine Tochter wurde geboren. Alles lief wunderbar. Doch nach einem Jahr schlug die Langeweile zu.

Weiterentwicklung mit mehreren Jobs

»Ich muss mehr lernen«, wusste Carsten instinktiv. »Dann bekomme ich interessantere Aufträge als Personalentwickler oder als Coach.« Er absolvierte eine Fortbildung zum Systemischen Coach, ließ sich in Konfliktberatung ausbilden, spannte sein Netzwerk aus. Der Plan ging auf.

Parallel startete er eine Promotion in Medienwissenschaft und hielt zu seinem Thema Vorträge auf nationalen und internationalen Konferenzen. Das hatte zwar mit dem Hauptjob nichts zu tun, aber weil sein Promotionsthema Carsten sowieso nicht losließ, konnte er es ja genauso gut auf hohem Niveau weitertreiben.

Dann kam das zweite Kind und die Lust, wieder bei den Pfadfindern einzusteigen, um die mittlerweile gewachsene Erfahrung als Führungscoach an die Gruppenleiter weiterzugeben. In der knappen Zeit zwischen Jobs, Kindern und Ehrenamt lernte Carsten Segeln, Zeichnen, Jonglieren, Tanzen und Reiten. »Öfter mal was Neues lernen, das erhält die Demut vor der Schwierigkeit von Entwicklungsprozessen – unerlässlich für die Begegnung mit meinen Kunden, die an persönlicher Weiterentwicklung interessiert sind«, erklärt Carsten.

Durch viele Coaching-Gespräche mit seinen Kunden und sein starkes Interesse an sozialpolitischen und psychologischen Fragestellungen stieß Carsten dann auf das Thema »Burn-out«. »Ich wusste instinktiv, dass vieles, was in den Medien darüber verbreitet wird, so nicht stimmen kann«, blickt Carsten zurück. »Burn-out ist kein individuelles Problem, sondern ein gesellschaftliches.« Er arbeitete sich in das Thema ein, schrieb Beiträge dazu, hielt Vorträge auf Fachkonferenzen und gründete die Fachgruppe »Humane Arbeit und Burn-out-Prävention« in einem Beraterberufsverband.

Perspektiven

Carsten hat zwischenzeitlich eine weitere Fortbildung absolviert und bildet mittlerweile selbst Coachs aus. Außerdem organisiert er wissenschaftliche Fachtage, hält selbst Vorträge. Die Kinder sind mittlerweile so groß, dass auch wieder mehr Zeit für Carstens multithematische Interessengebiete neben seinen Multijobs frei geworden ist: Kochen, Tanzen, Science Fiction, Oper, Kino, Reisen, Freunde treffen, mit der Familie Abenteuer erleben.

»Ganz schön viel, oder?«, frage ich Carsten. »Ja«, lacht er. »Aber warum sollte ich irgendetwas anders machen? So bin ich eben!«

4. Erfolgsgeschichte: Anna, Engel vom Kiez

 Wenn Anna etwas tut, dann mit ganzem Herzen. So hatte sie als erste Akademikerin ihrer Familie früh Erfolg im Beruf, und so hat sie als Meisterin der Geschenkideen auch heute Erfolg. Anna ist eine besondere Multijobberin – denn ihr wichtigster Job steht auf keiner Visitenkarte: Engel.

Traumjobs

1. *Geschäftsführerin*: selbstständig
2. *Frauennetzwerkerin*: Expertin

Profil

1. *Lieblingstalente*: Annas Genius liebt die Schönheit und die Begegnung. Beide Aspekte treffen sich, wenn einer Kundin im Gespräch mit Anna plötzlich *die* Idee kommt, mit welchem Geschenk sie einer lieben Person wirklich eine Freude machen kann.
2. *Lieblingsmenschen*: Annas Lieblingskunden, Nachbarn, Freunde und Geschäftspartner teilen ihr Lieblingsmotto: »Was das

Auge freut, erfrischt den Geist.« Sie legen wie Anna aber nicht nur Wert auf Schönheit, um den Genius zu beleben, sondern auch auf persönliche Kontakte. Deshalb wissen sie es sehr zu schätzen, dass Anna niemals Anzeigen schaltet oder Flugblätter verteilt, sondern immer persönliche Briefe schreibt.

3. *Lieblingsorte*: Hamburg, im Kiez – das ist der Ortsgeist, bei dem Anna sich wohlfühlt. Sie liebt die gemütlichen Straßenzüge mit den vielen schönen Läden und Restaurants, sie liebt die Nachbarskinder, die sich im Laden aufwärmen, wenn sie ihren Schlüssel vergessen haben, und sie liebt die vielen Stammkunden, die zu ihr kommen, weil sie die persönliche Beratung schätzen.

Kindheit

Schon als Kind wusste Anna, dass sie mal einen richtig schönen Beruf für sich selbst haben würde. Einen Beruf, der wirklich zu ihr passt. Und der anders ist als das, was die meisten Mädchen werden wollten: Hausfrau, Verkäuferin, Lehrerin. Anna wollte mehr. Und das schaffte sie auch:

Ausbildung und Start mit einem Job

Weil Anna ihren ersten Job bei einem Pharmaunternehmen sehr ernst nahm und sehr gut machte, übertrug das Unternehmen ihr immer mehr Aufgaben und immer größere Verantwortung. Bald war sie auch die einzige Frau in der Führungsebene der Betriebsleiter: »Das machte Spaß. Erfolg macht immer Spaß! Aber es macht auch Druck. Ich fühlte mich zunehmend fremdbestimmt. Und eine 60-Stunden-Woche war auch nicht mein Ziel.« Anna dachte darüber nach, im Beruf noch einmal etwas ganz anderes zu machen und kam zu mir ins Talentcafé – das war vor drei Jahren.

Neustart mit einem neuen Job

»Kundenorientierung und Autonomie – das ist mir also besonders wichtig«, strahlte Anna nach unserer systematischen Analyse ihrer bisherigen Tätigkeiten, Vorlieben und Fähigkeiten. Damit machte sie sich auf die Suche nach neuen Perspektiven. Zufällig stolperte sie über die Information, dass ein Geschenke-Laden einen neuen Besitzer suchte. Nach ihrer ersten Besichtigung war sie Feuer und Flamme. Doch sofort tauchten Zweifel auf: »Kann ich nach 25 Jahren einfach alles Alte hinschmeißen und etwas Neues anfangen?« »Ja, natürlich«, sagte ich. »*Wer A sagt, muss nicht B sagen. Er kann auch erkennen, dass A falsch gewesen ist.* Deine Karriere in der Pharmaindustrie ist nicht falsch gewesen, so meine ich das gar nicht. Aber wenn du dort angefangen hast, heißt das noch lange nicht, dass du dort immer weitermachen musst.«

Heute ist Anna eine feste Institution auf dem Kiez. Als Händlerin bietet sie wunderbare Geschenkideen, daneben hat sie zwei weitere Jobs übernommen: Sie ist in einem Frauennetzwerk ehrenamtlich aktiv, um andere Frauen zu ermutigen, im Beruf ihren eigenen Weg zu gehen, und sei er noch so ungewöhnlich. Und sie hat den Job eines Engels übernommen: Bei ihr im Laden wärmen sich frierende Kinder auf, hier holen die Nachbarn Postpakete, Koffer und hinterlegte Schlüssel ab, hier bekommen Kinder Taschengeldrabatt, wenn sie Geschenke für ihre Eltern oder für Freunde aussuchen, hier erzählen ältere Menschen ihre Lebensgeschichten – und von hier aus werden sie bei Bedarf auch persönlich nach Hause gebracht, wenn sie allein nicht mehr gut zu Fuß sind. »Jeder braucht einen Schutzengel«, ist Anna überzeugt. Sie selbst hat Engel so gern, dass sie ihrem Laden eine eigene Ecke für Engel aller Art eingerichtet hat.

Was wir von Anna lernen können: Vielfalt leben bedeutet nicht immer, alles auf einmal zu tun. Man kann auch nacheinander von einem Job in den nächsten wechseln. Hauptsache, das Leben wird bunt!

5. Erfolgsgeschichte: Matthias, ordentlich wild

Es gibt wohl keinen Persönlichkeitstest, der ein Profil wie das von Matthias abbilden könnte: Er ist sehr emotional *und* ausgeprägt rational. Er liebt es laut *und* leise, wild *und* ordentlich. Da ist es nur konsequent, dass Matthias als Steuerberater *und* DJ arbeitet.

Matthias, 38 Jahre, 2 Kinder

Traumjobs
1. *Steuerberater*: angestellt
2. *DJ*: semi-professionell
3. *Gründerberater*: selbstständig

Profil

1. *Lieblingstalente*: Matthias' Genius hat zwei völlig unterschiedliche Gesichter. Das eine ist wild und emotional: Das zeigt er, wenn er als DJ eine Party so richtig zum Kochen bringt und wenn er Gründer ermutigt, eine abenteuerliche Geschäftsidee erst einmal zu Ende zu denken, bevor sie sie wieder verwerfen. Das andere ist organisiert, strukturiert, rational: Das kommt zum Vorschein, wenn er sein Musikarchiv pflegt, wenn er mit Gründern über Finanzen spricht, oder wenn er seinen Job als Steuerberater macht.
2. *Lieblingsmenschen*: Menschen, die offen und beweglich sind, faszinieren Matthias' Genius. Er trifft sie überall: auf der Tanzfläche, in der Gründerberatung, im Steuerbüro – und auf dem Fußballplatz.
3. *Lieblingsorte*: Matthias braucht zwei unterschiedliche Ortsgeister, um glücklich zu sein. Die einen sind laut und wild, die findet er in Partykellern und in Fußballstadien, die anderen sind

leise und sehr ordentlich, die findet er in seinem Archiv und in seinem Büro.

Kindheit

Matthias verbrachte seine Kindheit in einer Kleinstadt in Süddeutschland. Er spielte leidenschaftlich gern Fußball – aber zu einer Profikarriere reichte sein Talent doch nicht aus. Außerdem interessierte er sich sehr für Musik und baute sich im Laufe der Zeit ein riesiges CD-Archiv auf. Wenn in der Stadt schon nichts los war, so konnte man sich wenigstens am Abend privat zusammen setzen und Musik hören. Matthias absolvierte die Schule als mittelmäßiger Schüler und bewarb sich dann für eine Ausbildung als Steuerfachangestellter. Es fiel ihm einfach nichts Besseres ein.

Ausbildung

»Erstaunlicherweise machte mir die Ausbildung sogar Spaß«, erinnert sich Matthias. »Als Steuerexperte muss man nämlich nicht nur ordentlich sein, sondern auch ziemlich kreativ und spitzfindig.« Er absolvierte alle Prüfungen mit Bravour. Gleichzeitig ließ er keine Party aus – mit seinem brandneuen Führerschein und seinem ersten, klapprigen Golf konnte Matthias ja nun endlich aus der Enge der Kleinstadt entfliehen und sich in der nächsten, etwas größeren Stadt austoben.

Start mit einem Job

»Ich wollte nach der Ausbildung sofort raus aus meiner Heimatstadt«, blickt Matthias zurück. Er fand einen relativ gut bezahlten Job in einer Kanzlei in Stuttgart. Mit wehenden Fahnen zog er los in sein neues Leben. »Nach zwei Jahren war es mir immer noch nicht gelungen, einen Freundeskreis aufzubauen, der auch nur annähernd so gut war wie mein früherer Freundeskreis«, ärgert sich Matthias noch immer. »Außerdem war mein Job langweilig und mein Chef unangenehm. Da habe ich beschlossen, in meine Kleinstadt zurückzugehen.«

Weiterentwicklung mit zwei Jobs

Er suchte sich einen neuen Job, zog in die alte Heimat zurück und traf sich wieder regelmäßig mit seinen alten Freunden, um Musik zu hören und Partys zu feiern. Weil er mit der Partymusik oft nicht glücklich war, schaffte Matthias ein eigenes Mischpult an und versuchte sich erstmals als DJ. »Es ist ein unglaubliches Gefühl, wenn du die Menschen auf der Tanzfläche nach einem Rhythmus tanzen lassen kannst, den du selbst vorgibst«, schwärmt Matthias im Beratungsgespräch. »Ich wollte nur noch als DJ arbeiten.« Er wendet sich an eine Gründerberatung. Doch schon beim ersten Termin wird ihm klar, dass seine Gesprächspartner keine Ahnung von Steuern und Finanzen haben. Spontan bietet er sich selbst als freier Mitarbeiter im Gründerberatungsbüro an.

Perspektiven mit drei Jobs

Weil damit sein Traumjob als DJ immer noch in weiter Ferne liegt, besucht mich Matthias im Talentcafé: »Wie soll das jetzt gehen: Ich bin Steuerfachangestellter – das kann ich gut, aber das füllt mich nicht aus. Ich bin Gründerberater – das kann ich auch gut, aber damit verdiene ich nicht viel Geld. Und ich bin DJ – das liebe ich am meisten, aber damit verdiene ich überhaupt kein Geld. Außerdem habe ich in der Zwischenzeit noch Zwillinge bekommen, deshalb fallen die meisten Partys jetzt sowieso aus.« »Außerdem arbeitest du in einer Kleinstadt, in der die Gründerszene nicht gerade tobt, oder?«, frage ich nach. »Ja, das kann man wohl sagen. Es ist ein verschlafenes Nest. Da versteht auch keiner, warum man als Steuerberater zusätzlich mit dem Mischpult durch die Gegend tingelt.« »Verstehen das deine

Freunde auch nicht?« »Doch, die kennen mich ja schon seit 30 Jahren und wundern sich über gar nichts.« »Wundern sich deine Lieblingskunden aus dem Steuerbüro?« »Nein, die auch nicht. Die buchen mich mittlerweile auch für ihre Partys.« »Dann ist doch alles wunderbar«, sage ich. »Dein Steuerberaterjob ist dein Brotjob. In der Gründerberatung kannst du anderen Menschen Mut machen, auch in der Provinz ausgetretene Pfade zu verlassen – und du selbst bist ein gutes Beispiel dafür. Und deinen Job als DJ machst du semi-professionell weiter, so, wie es gerade passt. Vielleicht kannst du dich ja sogar von einer DJ-Agentur gezielt in deiner Gegend vermitteln lassen?« »Eine Agentur? Daran habe ich ja noch überhaupt nicht gedacht. Und warum kennst du dich denn mit so etwas aus?« »Du glaubst gar nicht, wie viele Events ich schon organisiert habe«, lache ich. »Google mal das Stichwort *DJ-Agentur*. Du wirst staunen!«

6. Erfolgsgeschichte: Tom, Meister der guten Atmosphäre

 Tom ist ein dreifach-begabter Multijobber, der als Tontechniker, als Kellner und als Masseur erfolgreich ist. Geht das überhaupt? Ja, natürlich. Denn alle Jobs werden von einem einzigen Genius gesteuert, der sich auf das Thema »Wohlfühlen« spezialisiert hat.

Tom, 35 Jahre

Traumjobs
1. *Tontechniker*: selbstständig
2. *Kellner*: angestellt
3. *Shiatsu-Masseur*: in Ausbildung

Profil

1. *Lieblingstalente*: Toms Genius blüht auf, wenn er die Seele anderer Menschen so berühren kann, dass es ihnen besser geht. Das gelingt ihm mit Tönen, mit gutem Essen und mit seinen Händen.
2. *Lieblingsmenschen*: Tom liebt feinfühlige Menschen, die ein ausgeprägtes Gespür für Geräusche, Geschmack und Berührungen haben. Einen Genius mit Sinn für Sinnlichkeit – das ist es, was er bei anderen sucht.
3. *Lieblingsorte*: Räume mit hohem Kuschelfaktor. Sein kleines Studio, sein kleiner Massageraum und das kleine italienische Restaurant haben zwar ganz unterschiedliche Funktionen, aber alle einen ähnlichen Ortsgeist.

Kindheit

Tom heißt eigentlich Tommaso. Er hat seine Kindheit in Neapel verbracht. Die Grundschule fand er öde, doch in der weiterführenden Schule blühte er auf. Hier gab es eine Schulband, die er so bewunderte, dass er extra E-Gitarre lernte, um mitspielen zu können. Er wurde aufgenommen, war schnell sehr beliebt in der Band, aber leider nicht sehr begabt an seinem Instrument. Weil die Band ständig Probleme mit der Tontechnik hatte und die Qualität ihrer Auftritte mit dieser Technik stand oder fiel, wechselte er ans Mischpult.

Ausbildung

Nach seinem Schulabschluss beschloss sein Vater, ein italienisches Restaurant in Berlin zu eröffnen. Tom war sofort begeistert, packte die Koffer und kam mit. Er half seinem Vater als Kellner und suchte sich einen Gelegenheitsjob als Tontechniker bei einer kleinen Filmproduktionsfirma. In den ersten Monaten hielt er vor allem Tonangeln fest, doch schnell fiel sein Talent als »Ton-Mann« auf, sodass er immer mehr Aufgaben übernehmen konnte. Er liebte diesen Job, hangelte sich von Auftrag zu Auftrag und wurde so langsam zum Profi – ohne eine reguläre Ausbildung absolviert zu haben. Aber danach fragt im Filmbusiness ohnehin niemand. Hauptsache, die Tonqualität stimmt.

Start mit zwei Jobs

Tom startete also ohne reguläre Ausbildung zwei Jobs, die ihm Spaß machten und mit denen er immer über die Runden kam. Wenn es beim Film viel zu tun gab, kellnerte er weniger; kamen keine Aufträge vom Film, kellnerte er mehr. Ganz einfach. Diese Kombination hätte einfach immer so weiterlaufen können, wäre Tom nicht etwas Merkwürdiges passiert. Er hatte es sich zur Ange-wohnheit gemacht, gestressten Schauspielern oder Produktionsas-sistentinnen am Set die Schultern zu massieren. Sie genossen diese spontanen Massagen sehr, und Tom fühlte sich wohl in seiner Rolle als Wohltäter. Eines Tages fragte eine Schauspielerin: »Wo hast du eigentlich so gut massieren gelernt? Du bist viel besser als mein Physiotherapeut. Kann ich dich buchen?« Tom war verblüfft, geschmeichelt und ermutigt. In den nächsten Wochen machte er sich schlau: Welche Art der Massagen gibt es eigentlich? Wer bie-tet was an? Was kostet das? Dann war er sich sicher: Er will Shiat-su-Masseur werden. Gleichzeitig schlug er sich mit Selbstzweifeln herum: »Geht das überhaupt: drei Jobs? Ist das noch normal? Oder tanze ich damit auf zu vielen Hochzeiten?« Sein Vater war entsetzt: »Entscheide dich! Mach doch mal eine Sache vernünftig! So kann das ja nichts werden mit dir!« So kam Tom ins Talentcafé.

Neustart mit drei Jobs

»Bin ich verrückt, dass ich drei Jobs machen will?«, fragt er mich. »Kann das überhaupt gehen, dass man in drei völlig verschiedenen Berufen talentiert ist? Oder mache ich mir da etwas vor?« Ich koche Tom erst einmal einen Kaffee, stelle ihm meine besten Kekse auf den Tisch. Dann sage ich: »Ja, du darfst! Ich gebe dir hiermit die ausdrückliche Erlaubnis, ein multitalentierter, sehr glücklicher Multijobber zu sein.« Tom schaut mich erstaunt an. »Ich bin es übrigens auch«, lege ich nach. »Es geht. Und im Grunde machst du doch immer den gleichen Job: Du verwöhnst die Menschen mit wunderbaren Tönen, du verwöhnst sie mit wunderbarem Essen und du verwöhnst sie mit ebenso wunderbaren Massagen. Natürlich kannst du das! Du hast eben einen sehr sinnlichen Verwöhngenius! Lass ihn doch mal machen! Und wundere dich nicht, wenn du in ein paar Jahren noch Innenraum-Beleuchtungen designst, damit die Menschen sich in schönem Licht noch wohler fühlen.« »Woher wusstest du, dass ich mich dafür interessiere!?«, klappt Tom die Kinnlade herunter. »Du machst das schon!«, rufe ich ihm zum Abschied zu. »Halte mich auf dem Laufenden über deine Pläne, ich brauche auch immer mal einen Verwöhngenius hier!«

7. Erfolgsgeschichte: Claudia, Elfe auf Erden

Wenn Claudia tanzt, ist sie nicht von dieser Welt. Sie wird ganz zu Bewegung, Rhythmus, Musik. Kaum zu glauben, dass sie kein Profi ist. Doch sie hat keine klassische Ausbildung als Tänzerin durchlaufen und arbeitet Vollzeit als Erzieherin in einem Kinderladen. Hier hat sie auch keinen Bewegungsmangel – aber der Tanz fehlt ihr doch.

Claudia, 41 Jahre alt

Traumjobs
1. *Erzieherin*: angestellt

2. *Choreografin*: semi-professionell selbstständig
3. *Tänzerin*: semi-professionell selbstständig

Profil

1. *Lieblingstalente*: Claudias Genius hat einen sehr guten Draht zu Kindern. Er liebt die spontane, unverstellte Art der kleinen Kinderladen-Besucher und versteht es ganz hervorragend, sich mit ihnen zu verständigen – auch ohne Worte. Doch am liebsten würde er den ganzen Tag lang tanzen. In der Bewegung und in der Musik geht Claudia völlig auf.
2. *Lieblingsmenschen*: Menschen, die Bewegung lieben, sind Claudias Genius am liebsten. Sie haben eine ganz eigene Art, präsent und authentisch zu sein. Sie sind eben nicht nur Kopf mit Smartphone am Ohr, sondern leben intensiv in jeder Faser ihres Körpers – von der Haarwurzel bis in den kleinsten Zeh.
3. *Lieblingsorte*: Der Tanzraum und die Bühne, das ist Claudias Welt. Für sie sind diese Orte wie kleine Paradiese auf Erden. Weil sie aber doch recht abgeschieden und artifiziell sind, braucht Claudia jeden Tag Zeit, in der Natur spazieren zu gehen.

Kindheit

Claudia tanzte schon, bevor sie laufen konnte. Sie saugte jede Musik in sich auf und setzte sie in Bewegung um. Leider fehlten den Eltern die finanziellen Mittel, um Claudia Tanzstunden zu ermöglichen. So langweilte sich Claudia vormittags im Kindergarten, später in der Schule, und blühte am Nachmittag auf, wenn sie allein oder mit ihren Freundinnen tanzte – zwar nicht in der Ballettschule, dafür aber im kleinen Wohnzimmer oder im Hinterhof.

Ausbildung

Weil Claudia aus eher einfachen Verhältnissen kommt, standen ihr für ihre Ausbildung nicht so viele Wege offen. Einerseits, weil sie kein Abitur gemacht hatte und andererseits, weil ihr und ihren Eltern nur wenige Berufe präsent waren: Friseurin, Arzthelferin, Erzieherin – diese Jobs erschienen passend für ein Mädchen und solide genug für einen ordentlichen Lebensweg. Claudia wählte die Ausbildung als Erzieherin.

Start mit einem Job

Mit dem ersten selbst verdienten Geld konnte sich Claudia endlich Tanzstunden leisten. Sie entschied sich für die Richtung »Modern Dance«, startete durch und fiel der Trainerin sofort auf. Diese ermutigte Claudia, an Choreografie-Workshops teilzunehmen. Claudia war glücklich: Endlich konnte sie ihren Traum verwirklichen, wenn auch nicht als Hauptjob. Sie genoss die Atmosphäre im Ballettstudio, liebte den warmen Holzboden, die großen Fenster, durch die so viel Licht hereinfiel, die wunderbare Musik.

Verzögerter Neustart mit mehreren Jobs

Nach zwanzig Jahren Erzieherinnenleben fühlte sich Claudia wie innerlich zerrissen. Sie liebte ihren Job im Kinderladen, war mit ihrem Kopf aber immer bei ihrem Hobby, dem Tanz. Klar: Sie war froh, mit einem *Standbein* und mit einem *Spielbein* (besser: *Tanzbein*) durchs Leben gehen zu können. Doch fühlte sich das nicht an wie eine gute Balance. »Ich weiß, ich bin richtig gut«, erzählt mir Claudia im Talentcafé. »Aber weil ich keine klassische Ausbildung habe und schon über 40 Jahre alt bin, habe ich kaum eine Chance, mich noch als Tänzerin zu etablieren. Dabei wäre das mein größter Herzenswunsch!«

Wir überlegen gemeinsam, wie sich ihr Traum doch noch realisieren lassen könnte. Wie wäre es mit einer Arbeit als Tanztrainerin? Als Choreografin? Claudia ist begeistert, will sofort ihren Job im Kinderladen kündigen, einen Tanzraum mieten, Flyer verteilen und mit ihren eigenen Tanzkursen beginnen. »Meinst du, dass auf Anhieb genug Menschen zu dir kommen?«, frage ich vorsichtig. Claudia lässt die Schultern hängen. »Nein, niemals«, sagt sie dann traurig. »Mich kennt ja keiner. Und es gibt in Berlin ja schon Tausende von Angeboten.«

»Du hast trotzdem eine Chance«, sage ich. »Gib deinen Traum nicht auf und fange bloß nicht an, kleine Brötchen zu backen. Im Gegenteil: Bau dir ein schönes Luftschloss. Male dir deinen Traum ganz genau aus. Gib dir Zeit dafür und genieße diese Zeit. Tanze einfach immer weiter und lasse diese Idee reifen. Parallel dazu schaust du dir an, wie sich andere Tanzlehrer und Choreografen in Berlin positioniert haben. Was steht auf den Webseiten? Welche Flyer liegen aus? Wovon leben sie wirklich, wenn man hinter den Bühnenvorhang schaut? So bekommst du ein Gefühl dafür, was für dich funktionieren könnte, und was hier in Berlin funktioniert. Und solange du im Kinderladen arbeitest, hast du genug Zeit in der Natur. Die Kinder müssen ja genauso dringend raus ins Grüne wie du, oder?«

Wir sprechen lange darüber, wie sich Claudia ihre eigene Lebensgeschichte selbst neu erzählen könnte. Wie sie sich aus der wenig geförderten, kindlichen Traumtänzerin in eine reale Tänzerin und Choreografin verwandeln könnte, die sich 20 Jahre lang selbst jede Menge Profiwissen und Profikönnen angeeignet hat. »Erzähle dir selbst die Geschichte der Entwicklung deiner ungewöhnlichen Begabung, bis du dich in deiner Rolle als Tänzerin ganz sicher fühlst«, schlage ich ihr vor. »Mache dir keinen Stress damit. Im Gegenteil: Genieße dieses ›Reframing‹ der eigenen Biografie. Finde dich langsam hinein. Träume! Glaube an deinen Traum und lasse dann dein Luftschloss langsam und vorsichtig landen. Es wird der Realität standhalten!«

Als ich Claudia erzähle, dass sie auf mich wirkt wie eine Elfe auf Erden, wird sie gleichzeitig sehr verlegen und sehr froh. »Elfen können zaubern, oder?«, fragt sie mich. Und macht sich auf den Weg in ihr neues Leben.

8. Erfolgsgeschichte: Gabi will mehr Zeit für Kinder

Gabi arbeitet für eine Stiftung, die sich die För-derung von Kindern auf die Fahnen geschrieben hat. Sie ist sehr glücklich mit ihrem Arbeitsplatz, wünscht sich aber mehr Vielfalt und mehr Heraus-forderung in ihrem Beruf. Eigentlich wollte sie ihren Angestelltenjob kündigen und sich sofort als Mediatorin selbstständig machen. Doch dann entstand eine ganz neue Idee.

Gabi, 36 Jahre, zwei kleine Kinder

Traumjobs
1. *Kinder-Stiftung*: angestellt
2. *Mediatorin*: selbstständig
3. *Coach:* Studentin

Profil

1. *Lieblingstalente*: Der Gabi-Genius versteht es, verschiedene Inte-ressen auszugleichen und gegensätzliche Positionen in Win-win-Situationen zu verwandeln. Er hat außerdem einen beson-ders intensiven Draht zu Kindern.
2. *Lieblingsmenschen*: Besonders erfolgreich arbeitet Gabi, wenn sie mit Menschen zusammen ist, die, wie sie, gerne Konzepte aus-arbeiten, gute Lösungen entwickeln und Kinder lieben.
3. *Lieblingsorte*: Die Stiftung ist Gabis liebster Arbeitsplatz. Das Haus hat riesige Fenster und große Räume – hier ist genug

Platz, um große Gedanken zu denken. Es steht mitten in Berlin und damit in einer Stadt, die ungewöhnliche Biografien zulässt.

Kindheit

Gabi hat drei jüngere Brüder, die unterschiedlicher nicht sein könnten. Schon früh verstand sie intuitiv, worauf es jedem der drei ankam und dass jeder völlig verschiedene Bedürfnisse hatte. Sie übernahm die Rolle der Dolmetscherin, übersetzte die Sprache der jüngeren Brüder in die Sprache der älteren und umgekehrt, sie übersetzte die Botschaften der Eltern kindgerecht und formulierte die Bedürfnisse der Kinder erwachsenengerecht. So gelang es ihr oft, Streit zu schlichten oder gar nicht erst aufkommen zu lassen.

Ausbildung

Die Schule fiel Gabi sehr leicht, die Studienwahl nicht. Also belegte sie zwei Fächer: Pädagogik und Jura, zusätzlich absolvierte sie eine Ausbildung als Mediatorin. Durch diese ungewöhnliche Kombination und ihre sehr guten Abschlüsse war Gabi die ideale Kandidatin für eine Berliner Stiftung, die sich für bessere Entfaltungsmöglichkeiten für Kinder einsetzt.

Start mit einem Job

Gabi war sehr glücklich mit ihrem Berufsstart als Mitarbeiterin der Kinder-Stiftung. Nach einem halben Jahr jedoch wurde ihr die neue Routine zur Last, und so versuchte sie, nebenher freiberuflich als Mediatorin tätig zu werden. Doch die Aufträge blieben aus. Als sie dann ihr erstes und kurze Zeit darauf ihr zweites Kind bekam, war sie über ihre mangelnde Auslastung als Mediatorin nicht unglücklich – sie hätte ohnehin keine Zeit mehr für zwei

Jobs gehabt. Doch sobald die Kinder beide alt genug für Kinderkrippe und Kindergarten waren, meldete sich Gabis Lust zurück, noch viel mehr aus ihrem Berufsleben zu machen. Außerdem fühlte sie sich durch die festen Arbeitszeiten in der Stiftung eingeengt. Sie wünschte sich mehr Flexibilität, um den Bedürfnissen der Kinder besser gerecht zu werden.

Neustart mit vielen Traumjobs

Am liebsten würde Gabi sofort ihren Halbtagsjob in der Stiftung aufgeben, um als freiberufliche Mediatorin durchzustarten. Doch ohne festen Kundenstamm? Unwahrscheinlich, dass sie aus dem Stand genug Geld verdient.

Als wir im Talentcafé zusammensitzen, sage ich ihr: »Gabi, du hast noch 30 Jahre zu arbeiten, da ist es doch egal, ob du dich drei Jahre früher oder später selbstständig machst. Du bist ja nicht auf der Flucht! Halte inne und genieße deine Zeit hier und heute. Genieße es, dich selbst neu zu positionieren. Schenk dir selbst 1 000 schöne Tage!« Gabi atmet laut aus, schlägt das rechte Bein über das linke und dann wieder das linke über das rechte. Dann sagt sie: »Du hast Recht. Außerdem glaube ich gar nicht, dass ich von der Mediation allein leben kann. Es gibt überhaupt nicht genug Kunden! Zumindest nicht in Berlin.«

»Wenn es zu wenige Probleme zwischen zwei Parteien gibt, die du vermitteln kannst, dann helfe doch einfach einzelnen Personen dabei, ihre Probleme zu lösen«, schlage ich vor. »Es gibt ja genug Menschen, die sagen, mindestens *zwei Seelen wohnen, ach, in meiner Brust*! Menschen, die sich nicht zwischen diesem und jenem Lebensmodell inklusive Traumjobkombination entscheiden können und dringend eine Vermittlerin zwischen ihren widersprüchlichen Ideen brauchen!« So kommen wir gemeinsam darauf, dass Gabi am besten eine Ausbildung als Coach beginnt, sich dann die Zeit nimmt, ihre neue Identität wachsen zu lassen und dann langsam einen Kundenstamm aufbaut.

Perspektiven

Auf lange Sicht möchte Gabi nicht nur selbstständig als Coach arbeiten, sondern auch ihre beiden Lieblingsthemen, *Kinder* und *Mediation,* verbinden. Zum Beispiel, indem sie Kurse zum Thema »Streit schlichten« und »Wege aus der Gewalt« für Kinder und ihre Eltern oder für Kindergruppen anbietet.

Bis es so weit ist, sind die eigenen Kinder ohnehin aus dem Allergröbsten heraus, sodass Gabi dann auch zeitlich wieder flexibler sein wird. Ob sie dann ihren Job in der Stiftung an den Nagel hängt oder ob sie ihn aus Gründen der finanziellen Sicherheit parallel weiterführt, wird sich zeigen.

9. Erfolgsgeschichte: Oskar und tausend tolle Sachen

Oskar hat seinen Abschluss als IT-System-Kaufmann in der Tasche und einen Job bei einem Energieversorgungsunternehmen. Eigentlich könnte sein Leben jetzt ganz gleichmäßig bis zur Rente weiterlaufen – doch das ist Oskar zu langweilig. Und weil er zur Generation Y gehört, also mit dem Internet (um nicht zu sagen: *im* Internet) aufgewachsen ist, hat er auch schon seine Multijob-Lösung gefunden.

Oskar: 24 Jahre alt

Traumjobs
1. *IT-Administrator bei Energieversorger*: angestellt
2. *Ebay-Händler*: semi-professionell

Profil

1. *Lieblingstalente*: Oskar ist so jung, dass er noch gar nicht komplett herausgefunden hat, was sein eigener Genius auf dem

Kasten hat. Ihm selbst ist klar, dass er sich sehr schnell in Programme und Daten einarbeiten kann. Er findet gut geschriebene Programme sogar richtig schön. Viel Spaß machen ihm Bildbearbeitungs- und Grafikprogramme. Um seinen Computer mit schönen Bildern zu füttern, zieht Oskar mit seinem Fotoapparat gerne durch Berlin.

2. *Lieblingsmenschen:* Beim Energieversorger fühlt sich Oskars Genius ganz wohl. Denn zwischen den Verwaltungsangestellten tummeln sich viele schräge Vögel, die hier ihre Brötchen verdienen und nach Feierabend noch den erstaunlichsten Hobbys nachgehen.

3. *Lieblingsorte:* Oskars Genius ist nicht nur in Berlin zu Hause, sondern auch im Internet. Denn Oskar ist ein typischer Vertreter der Generation Y oder der *digital natives*, über die sich Unternehmen in jüngster Zeit den Kopf zerbrechen.

Kindheit

Für Oskar gehören Aufbruch und Umbruch zur Grundstimmung seines Lebens. Als er ein Jahr alt war, taumelte Berlin im Wendefieber. Als er zehn wurde, taumelte Berlin im Start-up-Fieber. Und als er 20 war, taumelte es wieder, diesmal aber in der Finanzkrisenpanik. Oskar versuchte, sich davon nicht die Laune verderben zu lassen. Er absolvierte seine Schullaufbahn mit Bravour und war zugleich froh, als er das Schultor hinter sich schließen konnte. Zur Uni wollt er nicht. Er hatte genug von der Lernerei.

Ausbildung

Oskar entschied sich für eine Ausbildung als IT-System-Kaufmann bei einem Energieversorger.»Das schien mir eine sichere Sache zu sein«, erklärt er mir, »außerdem interessiere ich mich sowieso für Computer.«

Start mit einem Job

Nach der Ausbildung wurde Oskar sofort übernommen. Und so rutschte er schon mit Anfang 20 in das Schicksal des typischen Sachbearbeiters. »Es war unglaublich langweilig«, blickt Oskar zurück. »Und verdient habe ich auch nicht so viel. Da fing ich an, für meine Eltern – die haben vom Internet überhaupt keine Ahnung – Sachen auf Ebay einzustellen. Ich fotografierte die Gegenstände, beschrieb sie ganz professionell, wickelte die Auktionen komplett ab. Dann auch für meine Geschwister. Dann auch für deren Freunde. Jetzt komme ich gar nicht mehr hinterher mit den Ebay-Aufträgen. Kann ich da nicht einen Job draus machen?«

Weiterentwicklung mit zwei Jobs

»Wie stellst du dir das denn vor?«, frage ich nach. »Wo würdest du arbeiten? Wie viel würdest du damit verdienen?« Wir entwerfen Szenarien, rechnen Gewinnspannen durch. Schließlich sagt Oskar: »Weißt du, ich habe gar keine Lust, den ganzen Tag das Gerümpel von anderen Leuten zu fotografieren und auf Ebay herumzuklicken. Dann säße ich ja nur noch zu Hause zwischen lauter Kram. Verdienen würde ich noch weniger als jetzt. Und meine Kollegen würde ich echt vermissen!«

Oskar entscheidet sich dafür, den Job beim Energieunternehmen zu behalten. »Als *digital native* bist du doch sogar ein wichtiger Mann für das Unternehmen!«, gebe ich zu bedenken. »Du weißt, wie die junge Zielgruppe tickt und wo sie sich im Internet herumtreibt.« Oskar stutzt. Darüber hat er noch nie nachgedacht. Das, was die ältere Generation als »neue Medien« bezeichnet, ist für ihn ja nicht neu, sondern immer schon da gewesen.

Perspektivisch mindestens drei Jobs

In Zukunft möchte er schauen, wie er sich beim Energieversorger weiterentwickeln kann. Vielleicht im Marketing? Und für seinen

Ebay-Job hat er sich zwei neue Wege ausgedacht: Erstens möchte er nur noch hochpreisige Waren für andere Menschen auf Ebay einstellen und versteigern. Denn nur bei solchen Aktionen kann er für seinen Einsatz einen Anteil verlangen, der über dem Preis eines durchschnittlichen Döners liegt. Und zweitens möchte er Kurse für Ebay-Verkäufer anbieten, die selbst keine *digital natives* sind, und sich mit dem Hochladen der Fotos, der Beschreibungen und mit den Auktionen selbst schwertun. Das wären dann drei Jobs. »Das ist doch wunderbar«, ist Oskar zufrieden. »Dann weiß ich jeden Monat, wo das Geld für meine Miete herkommt, trotzdem habe ich genug Spaß im Leben. Und wer weiß, was mir in den nächsten Jahren noch alles einfällt?«

Und jetzt: Ihre eigene Geschichte!

Liebe Leserin, lieber Leser, hier finden Sie Platz für Ihre eigene Job-Patchwork-Erfolgsgeschichte.

Mein Name: _____

Meine Traumjobs:
1. _____
2. _____
3. _____
4. _____

Mein Profil

Lieblingstalente:

_____

_____

_____

Lieblingsmenschen:

Lieblingsorte:

Meine Kindheit

Meine Ausbildung

_____
_____
_____
_____
_____
_____
_____
_____
_____

Mein Start in den Beruf

_____
_____
_____
_____
_____
_____
_____
_____
_____
_____

Meine Weiterentwicklung

_____
_____
_____
_____
_____
_____
_____
_____
_____
_____

Meine Perspektiven

_____
_____
_____
_____
_____
_____
_____
_____
_____
_____

Liebe Leserin, lieber Leser, aus jeder Geschichte kann eine Erfolgsgeschichte werden. Auch aus Ihrer! Ich wünsche Ihnen viel Mut,
besonders viel Liebe und alles Glück der Welt für Ihren Weg!

Herzlichst,

Beate Westphal

Danke

An dieser Stelle möchte ich mich bei den Menschen bedanken, die mein eigenes Job-Patchwork und dieses Buch möglich gemacht haben.

- Danke an **Prof. Günter Faltin** und **Prof. Jürgen Zimmer**, bei denen ich schon vor mehr als 20 Jahren an der Freien Universität Berlin die Methode der **Zukunftswerkstatt** kennenlernen durfte. Bis heute tragen mich die Inspirationen und Ideen aus dieser Zeit: dass sich Zukunft gestalten lässt, dass Phantasie ein herrliches Mittel gegen Routine und Resignation ist, dass die Entdeckung der eigenen Wege und Ziele als Mensch, als Unternehmerin und als Mitglied dieser Gesellschaft erfolgsentscheidend sind.
- Danke an alle Autoren, die mich inspiriert haben: Vor allem an **Gioconda Belli**, deren Buch **Werkstatt der Schmetterlinge** die Lust am Gestalten so wunderbar auf den Punkt bringt, die mich ermutigt, immer wieder Neues entstehen zu lassen und nicht zu ruhen, bevor es gut und schön ist.
- Danke an alle lieben Menschen, die mich begleiten, für die vielen wunderbaren Impulse und auch für die Zeit, die sie mir schenken zum Denken, Erfinden, Schreiben: Vor allem an **Uli, Herbert, Konrad, Peggy, Nicole, Nico, die Keksbäckerinnen, das Team von Talentcafé, Gründercafé und der APRIL Stiftung.**

- Danke an **Anne Jacoby,** Anne Jacoby, Anne Jacoby. Sie hat für drei gearbeitet, recherchiert, gedacht und geschrieben.

- Danke an **Armin Ruser** und sein Team für die Illustrationen, ebenso an **Johannes** und **Verena Gündel** und **Maja Schudi** für ihre wunderschönen Grafik-Ideen.

- Und nicht zuletzt: Danke an **Juliane Wagner,** die das Buchprojekt im Campus Verlag auf den Weg gebracht hat, und an **Friederike Mannsperger,** die das Projekt begleitete.

- Vor allem aber möchte ich mich bei Ihnen bedanken, **liebe Leserinnen und Leser** und **liebe Besucher des Talentcafés in Berlin.** Mehr als 15.000 Mal haben Sie mein erstes Buch *Eigentlich wär ich gern ...* gekauft. In Hunderten von Coachings darf ich Sie jedes Jahr dabei unterstützen, Ihren ganz persönlichen Traumjob zu finden und zu entdecken, was Sie wirklich wollen. Dieser Erfolg hat mir gezeigt und mich dazu ermutigt, Ihnen mit diesem Buch noch mehr zuzutrauen, nämlich nicht nur den einen Traumjob, sondern gleich ganz viele zu finden – Ihr persönliches Job-Patchwork. Denn wann wollen Sie Ihr Leben lieben, wenn nicht jetzt?

- Übrigens: Wenn Sie die Erfolgsgeschichte Ihres eigenen Job-Patchworks anderen erzählen wollen, dann lade ich Sie ein, dies auf www.aprilstiftung.de zu tun. Schauen Sie rein! Ihre Kreativität wird belohnt.

Literatur

APRIL Stiftung, Hrsg.: *APRIL – Das Erfolgsmagazin*. Berlin 2013.

Arendt, Hannah: *Vita activa oder vom tätigen Leben*. München 2002.

Assig, Dorothea; Echter, Dorothee: *Ambition. Wie große Karrieren gelingen.* Frankfurt am Main/New York 2012.

Augé, Marc: *Nicht-Orte*. München 2012.

Bartmann, Christoph: *Leben im Büro. Die schöne neue Welt der Angestellten.* München 2012.

Bischof, Marco: »Genius und Daimon«. In: Mallien/Heimrath (Hrsg.) 2009, S. 33–50.

Brackmann, Andrea: *Ganz normal hochbegabt. Leben als hochbegabter Erwachsener.* Stuttgart 2007.

Brackmann, Andrea: *Jenseits der Norm – hochbegabt und hochsensibel.* Stuttgart 2005.

Bröckling, Ulrich: *Das unternehmerische Selbst. Soziologie einer Subjektivierungsform.* Frankfurt am Main 2007.

Bolles, Richard Nelson: *Durchstarten zum Traumjob. Das ultimative Handbuch für Ein-, Um- und Aufsteiger.* Frankfurt am Main/New York 2009.

Botton, Alain de: *Glück und Architektur. Von der Kunst, daheim zu Hause zu sein.* Frankfurt am Main 2006.

Brönnle, Stefan: »Geomantie als Brücke zwischen den geistigen Ebenen von Mensch und Ort«. In: Mallien/Heimrath 2009, S. 51–60.

Comte-Sponville, André: *Ermutigung zum unzeitgemäßen Leben. Ein kleines Brevier der Tugenden und Werte.* Hamburg 2004.

Defoe, Daniel: *Über Projektemacherei* (1697). Wiesbaden 1975 (Neudruck der deutschen Übersetzung des Essay upon Projects, Leipzig 1890).

Doehlemann, Martin: *Absteiger. Die Kunst des Verlierens.* Frankfurt am Main 1996.

Faltin, Günter: *Kopf schlägt Kapital. Die ganz andere Art, ein Unternehmen zu gründen. Von der Lust, Entrepreneur zu sein.* München 2008.

Frankl, Viktor: *Ärztliche Seelsorge. Grundlagen der Logotherapie und Existenzanalyse.* München 2007.

Friebe, Holm; Lobo, Sascha: *Wir nennen es Arbeit. Die digitale Bohème oder: Intelligentes Leben jenseits der Festanstellung.* München 2008.

Fromm, Erich: *Authentisch leben.* Freiburg 2011.

Füllsack, Manfred: *Arbeit.* Wien 2009.

Galloway, Priscilla; Newbigging, Martha: *Alchemist, Bogenschütze und 98 andere Jobs aus dem Mittelalter.* Köln 2006.

Gladwell, Malcolm: *Warum manche Menschen erfolgreich sind – und andere nicht.* Frankfurt am Main/New York 2009.

Godeau, Emma: *Einer wartet immer. Unausweichliches Schicksal oder nur ein Moment?* Berlin 1999.

Grossmann, Gustav. *Sich selbst rationalisieren. Wesen und Praxis der Vorbereitung persönlicher und beruflicher Erfolge.* Stuttgart/Wien 1927.

Heintze, Anne: *Außergewöhnlich normal.* München 2013.

Herzke, Katja; Schmoll, Friedemann: *Warum feiern wir Geburtstag?* München 2007.

Hussla, Gertrud A.: »Schlau, schlauer, gefeuert«. Auf: Zeit-Online Beruf. 28.5.2010.

Jungk, Robert; Müllert, Norbert R.: *Zukunftswerkstätten. Mit Phantasie gegen Routine und Resignation.* München 2000.

Katzenbach, Jon R.; Smith, Douglas K.: *Teams: Der Schlüssel zur Hochleistungsorganisation.* Frankfurt am Main 2003.

Kozljanic, Robert Josef: »Der Geist eines Ortes«. In: Mallien/Heimrath 2009, S. 12–32.

Kracauer, Siegfried: *Die Angestellten. Aus dem neuesten Deutschland.* Frankfurt am Main 1929.

Krznaric, Roman: *Wie man die richtige Arbeit für sich findet. Kleine Philosophie der Lebenskunst.* München 2012.

Langenscheidt, Florian: *Langenscheidts Handbuch zum Glück.* München 2012.

Mallien, Lara; Heimrath, Johannes (Hrsg.): *Genius Loci. Der Geist von Orten und Landschaften in Geomantie und Architektur.* Klein Jasedow 2009.

Meißner, Gerd: »Das Ende der Romantik. Zukunftsforscher Alvin Toffler über das Überleben in der Informationsgesellschaft«. In: *Spiegel special: Abenteuer Computer – Elektronik verändert das Leben,* Nr. 3/1995, S. 59–61.

Merath, Stefan: *Die Kunst, seine Kunden zu lieben. Neurostrategie für Unternehmer.* Offenbach 2011.

Miedaner, Talane: *Coach dich selbst, sonst liebt dich keiner.* München 2010.

Müller, Hans-Jörg: »Genius Loci und Genealogie«. In: Mallien/Heimrath 2009, S. 114–147.

Müller, Monika: *Finanzcoaching für Unternehmer. Finanzpsychologie: Erfolgreich mit Geld & Risiko umgehen.* Berlin/Heidelberg 2013.

Norberg-Schulz, Christian: *Genius Loci – Landschaft, Lebensraum, Baukunst.* Stuttgart 1982.

Pawlowsky, Peter; Mistele, Peter (Hrsg.): *Hochleistungsmanagement. Leistungspotenziale in Organisationen gezielt fördern.* Wiesbaden 2008.

Plöger, Peter: *Arbeitssammler, Jobnomade und Berufsartisten. Viel gelernt und nichts gewonnen? Das Paradox der neuen Arbeitswelt.* München 2010.

Porsche, Peter Daniell: *Es gibt noch mehr im Leben als Autos bauen.* München 2012.

Roam, Dan: *Auf der Serviette erklärt: Mit ein paar Strichen schnell überzeugen statt lange präsentieren.* München 2009.

Sennet, Richard: *Der flexible Mensch. Die Kultur des neuen Kapitalismus.* Frankfurt am Main/Wien 1998.

Sher, Barbara: *Du musst dich nicht entscheiden, wenn du tausend Träume hast.* München 2008.

Sher, Barbara: *Wishcraft. Lebensträume und Berufsziele entdecken und verwirklichen.* Osnabrück 2009.

Valena, Tomas: »Phänomenologie des Genius Loci«. In: Mallien/Heimrath 2009, S. 148–206.

Vobruba, Georg: »Ende der Vollbeschäftigungsgesellschaft«. In: *Zeitschrift für Sozialreform,* Februar 1998.

Westphal, Beate: *Eigentlich wär ich gern .... Wie Sie Ihre Talente zum Traumjob machen.* Frankfurt am Main/New York 2010.

Whyte, William: *Organization Man.* New York 1956, deutscher Titel: *Herr und Opfer der Organisation,* Düsseldorf 1958.

Register